COLLECTION SÉRIE NOIRE
Créée par Marcel Duhamel

FRANZ BARTELT

Chaos de famille

nrf

GALLIMARD

Je grossis. Aujourd'hui, j'ai failli me sentir le courage de tuer Camina. Par surprise. Oh, la bonne ! J'en rêve depuis dix-huit ans. Je l'aurais assommée à coups de chaise, je l'aurais poussée par la fenêtre du premier étage, je lui aurais roulé dessus avec la voiture. Mais je n'ai pas une nature furieuse. Je manque même de cette forme de prétention qui me permettrait d'en vouloir vraiment aux gens que je n'aime pas.

Je suis un faible. Peut-être un lâche, aussi.

Un jour, j'ai presque eu envie de me suicider. Le contact de la corde contre mon cou m'a paru désagréable. J'ai renoncé. Je ne suis pas non plus d'un genre à me balancer d'un pont ou d'un quai de gare. Je m'en voudrais, *post mortem*, de déranger du monde, des gens, de retarder des trains, d'abîmer les aiguilles d'un barrage. Je ne veux pas être à l'origine d'un souci.

Elle s'appelle donc Camina. Nom de jeune fille : Rachot. Nom de femme : Plonque. Mme Camina Plonque. Ma femme. Je devrais dire « épouse ». Mme Camina Rachot, épouse Plonque. Elle remue au bout de la pièce, dans l'embrasure de la fenêtre. Elle rempote du vert. J'ignore quoi. Je ne m'intéresse pas aux plantes, puisqu'elle en a fait sa passion. Elle tourne dans la lumière, gros délabrement ambulatoire, la robe torchée autour de ses horribles formes, remontée sur le devant, chiffonnée derrière, au mauvais endroit, salement par conséquent (en tout cas, j'en éprouve du dégoût). Tout en *ratassant* le terreau noir à coups de poing qui se voudraient délicats, elle mâche quelque chose dont des miettes lui glissent de la bouche. Elle m'écœure. Je ne dis rien. Je ne critique pas.

En ce moment, elle se tient à peu près tranquille. Elle m'a adressé la parole sur un ton presque aimable, pour une fois : « La bouteille de gaz est bonne à changer. » Un propos d'intendance, mais ordinairement il peut être le prétexte de rages et de carnages. J'ai dit : « Oui, Camina. » Je crois bien n'avoir jamais proféré d'autres paroles que celles-là : « Oui, Camina. » Et j'ai changé la bouteille de gaz. En faisant durer le plaisir, car les distractions sont rares aux côtés d'une femme comme la mienne.

Sortir les poubelles, oui Camina, laver la vaisselle, oui Camina, aller au courrier, oui Camina, ramener le pain, oui Camina, déboucher le lavabo du petit couloir, oui Camina, remplacer le fusible du frigidaire, oui Camina, m'aider à tirer les draps, oui Camina, balayer la terrasse, oui Camina, repeindre le mur d'en bas, oui Camina. J'obéis. Je me soumets à l'ordre de Camina.

Autrefois, je me révoltais. J'essayais de crier plus fort qu'elle. J'ai cassé des objets auxquels, après coup, elle sembla tenir, ce qui lui offrait une occasion supplémentaire de pousser des hauts cris. Une fois, un vase s'est écrasé contre la télévision. J'étais fâché. Il y a de cela un lustre. Ce jour-là, notre couple a frôlé le schisme. J'ai reconnu avoir été trop loin. La règle : ne pas toucher à la télévision, qui n'en peut mais, de nos bisbilles, et qui constitue la religion de Camina, son air des cimes et du littoral, ses vacances en exotisme, sa culture, sa rêverie. Elle vit avec la télévision. Dès le matin. Jusque tard dans la nuit. Elle connaît tout. Surtout les feuilletons que je serais tenté de trouver stupides, si j'osais exprimer mon opinion. Je ne les regarde pas. Camina ne supporte pas de partager l'écran. Mais j'entends tout : je ne m'éloigne jamais, au cas où elle serait en rupture de café, de gâteaux, de gruyère. « Tout ce qui passe fait ventre », répète-t-elle. Je reste dans le salon, dans mon fauteuil, qui tourne le dos au poste et qui me fixe dans l'axe de la fenêtre, par laquelle je ne vois rien que du ciel avec ce qu'il y a dedans.

De temps à autre, un oiseau traverse mon champ de vision, sur la musique des violons qui, derrière moi, gicle du feuilleton par saccades moelleuses. Dans l'encadrement d'une fenêtre, un oiseau dure moins d'une fraction de seconde. À peine aperçu, déjà disparu. De tous les animaux, les oiseaux sont les seuls qui semblent perpétuellement préoccupés d'aller plus loin. On croirait qu'ils ne s'arrêtent jamais. Sauf pour chanter. Mais le chant des oiseaux, c'est toujours le chant du départ, quoi qu'on en dise.

Dans ma jeunesse, avant de rencontrer Camina, je répondais à un prénom du calendrier, je ne me souviens pas lequel. Camina ne m'appelle jamais autrement que Eho !

« Eho ! J'n'ai plus d'café ! Eho ! Passe-moi le programme ! Eho ! Quelle heure qu'il est ? »

Je m'y suis habitué et je trouve que ça sonne bien, moderne sans être ridicule, concis sans être sommaire, et plutôt indémodable, avis personnel.

Camina a une façon à la fois autoritaire et méprisante de s'adresser à moi. Elle ne se rend pas compte qu'elle pourrait me froisser, si j'étais susceptible.

Elle est née avec ce caractère infâme. Issue d'une famille de grands déprimés. Tous pensionnés, incapables d'un travail régulier, toujours à pleurnicher, à se plaindre, à courir les médecins, à se bourrer de cachets. Incroyable. Le père s'est flingué. Il était contrôleur des trains. Je ne suis pas mécontent de songer qu'il y a au moins un contrôleur des trains qui fut, un jour, suffisamment lucide pour prendre l'initiative de débarrasser la planète de sa présence casquettée, jobarde et poinçonnante. La mère continue de verser des larmes. Les frères et les sœurs ont leurs habitudes à l'asile. L'aîné palpe une pension d'invalidité, tant il se fabrique des idées sombres reconnues par la médecine. Il pense tellement à mal qu'il ne peut même pas éplucher une pomme de terre sans formuler le vœu de tomber, carotide en avant, sur la pointe du couteau. Les grands-parents ne valaient pas mieux. Ils sont toutefois morts de vieillesse. Comme bien des incurables.

Camina a échappé à ce vice-là. Qui est terrible, il faut l'admettre. Elle se plaint beaucoup, certes. Mais ne déprime pas. Elle se plaint énormément. Mais n'avale ni tranquillisants ni antidépresseurs. À tout prendre, j'aurais préféré qu'elle soit portée sur l'autodestruction, comme son père. La génétique ne tient pas toujours ses promesses, hélas !

Avant, on se disputait régulièrement. J'ai fini par lâcher prise. Camina ne sait qu'avoir raison, comme tous les gens qui bénéficient d'une aptitude à vociférer. C'est un don de la nature, hurler. Les gens qui hurlent deviennent chefs. On ne commande pas à mi-voix ou avec de la déférence humaine. Commander, c'est d'abord se faire craindre. La crainte inspire le respect. Et donc l'obéissance. On ne se fait pas respecter si on n'est pas capable, le cas échéant, d'élever la voix, de toujours s'exprimer un ton plus haut que les autres. Camina brille à ce jeu. Elle aboie. En moi-même, je la surnomme Pitbull. Je me dis : « Mon Pitbull est de mauvaise humeur ce matin ! » Je me dis : « Il y a bien dix minutes que mon Pittbull n'a pas gueulé ! » Texto. Au fond de moi, je serais du genre violent. Et caustique. Pas méchant, non, mais ricaneur. Prudent, je n'en laisse rien paraître.

Vers cinq heures arrive en visite la voisine, Mme Quillard, qu'en mon for je surnomme « Lamoule ». Pour moi, c'est l'heure de passer dans la cuisine et de préparer le repas du soir. J'aime bien. La fenêtre de la cuisine donne sur la rue. Par moments, il y a de l'animation. Des ménagères qui remontent du supermarché, des mères qui promènent des poussettes, des femmes qui déambulent en échangeant des secrets que j'imagine absolument ignobles et délicieux. Si Camina devinait ce qui bouillonne dans ma cervelle devant ces spectacles, elle me clouerait au mur, elle m'arracherait les yeux.

Soyons clair : avec Camina, je suis mal tombé. Elle a horreur de l'amour physique. Combien de fois s'est-elle offusquée lorsque je me montrais empressé à sa taille : « Eho ! Tu me prends pour une bête ? » Elle me traitait de dégoûtant. « Eho ! Retire tes mains de là ! » Au début, elle me laissait la grimper tous les dimanches, en fin d'après-midi, après le bain, quand on sentait les sels parfumés et la savonnette à la lavande. Si je me laissais aller à ces préliminaires que conseillent les revues de pédagogie sexuelle, elle me rotait ses odeurs de gruyère dans le nez et soupirait : « Eho ! Arrête de jouer ! Fais vite ce que tu as à faire ! » Je me souviens qu'un jour, à Pâques, elle s'est étonnée : « Eho, après trois ans de mariage, tu penses encore à ça ? Il faut te faire soigner, mon pauvre ! T'es obsédé ! » Je n'invente rien. Par exemple, un soir que j'avais insisté, elle s'est allongée, elle a écarté les cuisses, elle a dit, d'un air excédé : « Sers-toi ! » J'ai encore l'image et le bruit de sa voix dans la tête. C'est à partir de cet instant que j'ai compris qu'il n'y avait plus d'espoir. Je me suis mis à attendre son bon vouloir. J'attends encore. J'espérais que la concupiscence lui viendrait avec la restriction, à force. Mais non.

Pendant qu'elle papote en compagnie de Mme Quillard, je découpe un cake de ma fabrication et je leur apporte du café allongé de lait et des chocolats. Elles se goinfrent. Mme Quillard a pris du poids. Elle a l'intérieur des cuisses qui se touche, et comme elle marche beaucoup, raconte-t-elle, le frottement finit par la brûler. Elle montre le dommage. Sans se découvrir tout à fait, et après avoir attendu que je me tourne de trois quarts. Mais je glisse un regard en biais. Le fond de la culotte est pour moi, pile. Le temps d'un clin d'œil. J'ai intérêt de photographier l'entrejambe, la couleur du tissu, s'il est tendu ou s'il floche… Le fond de culotte de Mme Quillard, je le connais. Il me plaît. Mme Quillard aussi me plaît, de temps en temps. C'est une femme enveloppée, bien proportionnée, avec des gros mollets et des chevilles épaisses. Elle parle toujours de ses amants. Ils sont nombreux et bouffis de problèmes. Mais elle n'entre pas trop dans les détails. Je me suis déjà rendu compte qu'elle m'observe parfois à la dérobée, et qu'elle fait celle qui a l'œil qui se mouille. Je le vois bien. En tant qu'obsédé, rien de ces choses ne m'échappe. Je veux bien qu'on dise que c'est du vice, de ma part. Combien de fois Camina m'a-t-elle reproché d'être vicieux, seulement parce qu'il me venait une petite érection en dehors des minutes vouées à cette question. Moi je suis partant pour le vice. C'est toujours mieux que rien.

J'appelle Mme Quillard « Lamoule » parce qu'elle ne se décolle pas facilement de son siège. Une fois sur deux ou trois, elle reste à dîner, en s'insurgeant, coquette et minaude, qu'elle va encore prendre des kilos, que ce n'est pas raisonnable, qu'elle n'aurait faim que d'une biscotte dans un bol de thé. Je ne vois pas d'inconvénient à ce qu'elle mange avec nous. Au contraire. Quand je signale que le repas est prêt, elle ne vient jamais à table sans s'arranger pour me frôler d'un sein, du coude, de la main. Un jour, je me suis mis à lui fouiller succinctement sous la jupe. Elle ne s'est pas reculée. On n'ira jamais plus loin. En théorie. Trop périlleux, avec Camina dans les parages. C'est déjà agréable pour moi, de savoir que je pourrais.

« Eho ! Tu grossis ! »

Camina a remarqué. Sur son ton rogue du matin, qui annonce bien des chagrins en formation.

Je ne me pèse pas.

Pendant la nuit, je me relève et je m'enferme une heure ou deux, assis, nu, devant le grand miroir de la salle de bains.

Le désastre ne se discute pas. Je gonfle. Je deviens énorme, rond, difforme, laid. Surtout laid. J'approche mon visage de la glace et je l'examine, ligne par ligne, ride par ride, pore par pore. Je ne me ressemble plus. Boursouflé. Hideux. Je cherche des mots. Le vocabulaire n'a jamais été mon fort. À l'école, je m'y perdais, je mélangeais, je ne retenais pas. Plus tard, les mots se sont encore faits plus rares. Je suis devenu silencieux. Je n'ai rien à dire. Très peu. Camina parle pour deux. Une plaie. J'écoute, bien obligé.

Mais toutes les nuits, je me fais face, je me juge dans le miroir, je m'insulte, je me reproche d'être devenu cette chose dans laquelle on conjecture déjà le monstre que je serai dans deux ans, peut-être avant, si mon appétit ne faiblit pas. Je mesure mes progrès. Ils font leur poids. Chaque nuit, ils me renseignent un peu mieux sur mon compte et sur la vie en général, cette décomposition lamentable.

Il y a l'âge, évidemment. Plus tout jeune, pas encore tout vieux. Entre deux âges, comme on est entre deux portes. Pas beau non plus l'effet du temps qui coule sur les corps. Je ne résiste pas. Je me prête à ce lent travail d'érosion. Je l'aide. J'ai décidé. Je me suis rangé aux raisons de l'ennemi. Pour voir. Pour occuper mes journées. Pour m'intéresser à moi, qui suis sans vie, pour ainsi dire.

Camina ronfle. Même dans son sommeil, elle envahit la maison. Je l'entends dormir de la salle de bains, des toilettes, du couloir de l'entrée. Le retentissement de Camina vibre jusque dans les recoins les mieux protégés, jusqu'à la cave, jusqu'au jardin, jusqu'au garage. Il faudrait être mort pour ne plus en pâtir. Et encore.

J'aimerais mieux faire chambre à part. J'ai horreur de vivre à deux dans le même drap. Avant notre mariage, je lui en avais parlé. Elle me donnait raison, trouvant la chambre commune à moitié exécrable, et répugnant le lit commun. Dont acte.

Mais une fois mariés, il a fallu se conformer à ses seuls décrets. « Quand on s'aime, on dort dans le même lit ! Et puis, j'ai peur toute seule la nuit ! » J'ai cédé. Trop bon. Par crainte d'altérer nos débuts. Malheureusement.

À chaque fois que j'ai fait mine de me révolter contre sa domination, elle me lançait en pissant des larmes à pleins yeux : « Tu ne m'aimes plus ! » Et elle se dévastait, purement et simplement. Hurlait son chagrin par la fenêtre. Menaçait de se suicider.

Elle criait aussi « Au secours ! Au secours ! ». De toutes ses forces et longtemps. En tapant des pieds sur le sol et des poings contre le mur. Le quartier en profitait, à peu près jusqu'à la rue de Lorraine.

Et comme en ces temps-là j'étais encore vaguement orgueilleux, en tout cas que j'attachais de l'importance au jugement des gens qui ne m'étaient rien, je n'insistais jamais pour faire prévaloir mes vues. Je n'avais que le souci de limiter le scandale, d'éviter le barouf.

Dans ces instants terribles, la laissant se défouler à gorge déployée, je refluais rapidement dans un mutisme conciliateur, et m'y cantonnais, en souriant, gêné. Pas une parole. Prudence. En pure perte, car le lendemain il se trouvait toujours un voisin pour me reprocher qu'on n'avait entendu que moi, haut de gueule, injurieux, despote conjugal.

Dans les disputes, je suis de ceux qui ont toujours tort. Mon physique ne plaide pas en faveur de mon innocence. J'ai une sale gueule.

Elle s'est mariée sur le tard. Personne ne voulait d'elle. Pourtant, dans sa jeunesse, elle ne présentait pas vilaine. De tête et de corps, la moyenne. Pas vraiment de poitrine, mais je n'ai pas non plus les mains d'un géant. Les fesses molles marquaient la personne sans gymnastique. Visage franc et solide. Et un langage de charretier qui laissait éclore des espoirs. J'étais trop logique, cependant : je croyais qu'une femme qui aime en parler aime le faire, en proportion. Erreur.

Camina, qui n'avait à la bouche que les mots grosse pine, grosse queue, bonne baise et partie de cul, se révéla froide comme un chat mort. J'eus la prétention d'imaginer qu'il me suffirait d'insister, de patienter, de déployer tous les arguments mis naturellement à la disposition de l'homme aimant, pour qu'elle en vienne un jour à reconnaître qu'il y a du bon dans les choses de la sexualité et à conformer enfin ses comportements intimes à ses manières de parler.

J'ai travaillé jusqu'au désespoir.

Elle ne s'intéresse qu'aux sentiments. Elle exige d'être aimée. Chantage permanent. Si je cherchais à faire l'amour avec elle, c'est évidemment que je ne l'aimais pas. « Tu ne me comprends pas ! Tu ne vois pas de quoi j'ai besoin ! Je veux pas qu'on me prenne pour une salope ! Tu me rabaisses plus bas que terre ! » À la longue, j'ai estimé qu'elle devait avoir raison. « Quelque part », comme disent ceux qui sont sûrs de la chose mais pas de l'endroit.

Presque tous les dimanches soir, entre la fin du journal télévisé et le début du film, elle m'autorisait à l'enjamber, à la pénétrer, à la raboter, à éjaculer aussi promptement que possible, à me retirer et à dire merci. « Qu'est-ce qu'on dit ? » Je disais : « Merci ma chérie. » Avec le sourire.

Elle se pressait ensuite à la salle de bains. S'essuyait. Se savonnait. S'imprégnait d'eau de Cologne. Pendant ce temps, l'œil sur le déroulement des spots publicitaires, je me trouvais écœurant. Non sans raison, car si par hasard j'avais plus envie de dormir que de regarder la huitième rediffusion d'un film policier, elle s'en exaspérait et me lançait, comme par dépit : « Monsieur tire son coup et, après, bonsoir ! » Je luttais alors contre le dégoût, contre le sommeil et contre l'ennui. Des combats qui ne font pas les héros.

Le dimanche, je suis de corvée de sa mère. On charge des provisions dans le coffre de la voiture, du pain frais coupé en tranches, des pommes de terre, des endives, des boîtes de tomates, et on traverse la ville, jusqu'au quartier Pinaigre, loin, où la vieille liquéfie sa peine à longueur de vie, en suçant des caramels.

Quand elle aperçoit la voiture sur le trottoir, elle pleure deux ou trois tons au-dessus de son habitude, de sorte qu'on soit avertis que c'est un jour parmi les pires et qu'on prenne l'initiative de s'installer psychologiquement dans une compassion active.

On s'active, en effet. Moi surtout, qui décharge les patates et les autres commissions, les douze bouteilles d'eau minérale, le papier toilette, les tablettes de chocolat, les paquets de caramels. Camina, qui a des prétentions thérapeutiques, secoue sa mère. « Faut pas se laisser aller comme ça, bordel, maman ! T'as tout ! La télé, six chaînes, un fauteuil tout neuf ! » La vieille piaule : « Ça remplace pas papa ! Papa, il est mort ! Il ne reviendra plus ! » Camina s'oppose : « Il ne reviendra plus, et puis ? Il est mort : ce qui est fait n'est plus à faire ! Qu'est-ce que je dirais moi ! De quoi tu te plains, merde ! En plus, tu as une bonne santé ! » À la combinaison des mots « santé » et « bonne », ma belle-mère s'emporte : « T'en sais rien, Camina ! Je t'interdis de dire que je suis en bonne santé ! Je ne peux pas être en bonne santé, puisque je n'ai pas de santé ! Arrête donc de dire des conneries, ma fille, tu pueras moins du bec ! » Tous les dimanches, le même échange, la même rage, et la télé qui gueule dans le coin de la pièce, devant la tapisserie à motifs ornithologiques.

Je range les bouteilles d'eau minérale dans le placard sous l'évier, les légumes en haut de l'escalier de la cave, les diverses boîtes dans le buffet de la cuisine, les bonbons et autres friandises dans l'Henri II de la salle à manger. Les vociférations éclatent dans l'air déjà chargé d'odeurs violentes.

Sous prétexte de dépression, la vieille abandonne les fonds d'assiettes à la pourriture. Des restes de cassoulet ou de raviolis se hérissent de poils verts. Sur un bol à moitié vide, des plaques de moisissure flottent à la surface du café. Un paquet de biscuits s'est renversé au milieu du carrelage, il a été piétiné pendant une semaine, répandu en traînées sableuses dans le couloir, jusqu'à la porte d'entrée, jusque dans le cabinet de toilette.

Entre deux lamentations, elle se tourne vers moi et me lance, par-dessus l'épaule de Camina : « Les chiottes sont bouchées ! » Plus tard, dans la voiture, ma femme se réjouira de cette repartie témoignant d'un certain scrupule domestique : « Je suis contente. Elle va mieux. Si elle se préoccupe de ce que ses chiottes sont bouchées, c'est qu'elle reprend goût à la vie ! » J'approuve. D'un coup de tête. Inutile de gaspiller de la salive pour une connerie pareille.

Le dimanche, tous les dimanches ou presque tous les dimanches depuis dix-huit ans, après avoir ravitaillé la vieille, nous franchissons la frontière vers la Belgique et nous passons le clair de l'après-midi à visiter les magasins de meubles. Pour voir.

Le Belge est saugrenu. S'il ouvre ses magasins de meubles le dimanche, c'est qu'il est saugrenu. En France, grand pays, phare du monde et lumière dans la nuit de l'ignorance, le rideau de fer ne se lève jamais le dimanche. Interdit par le syndicat. Et par la morale. Respect du Seigneur, qui a son jour, comme le poisson. Le Belge, barbare sans foi ni loi, aligne le long de ses routes les blasphèmes dominicaux de ses commerces ouverts au public et à de prétendues bonnes affaires. Il propose des prix défiant toute concurrence. Des rabais fracassants. Une qualité inavouablement italienne, voire chinoise ou polonaise. Et un système de vente sous pression, au harcèlement, qui ne le rend pas sympathique aux volontés précaires, comme la mienne qui succomberait au premier pourcentage.

Camina apprécie. Elle connaît chaque magasin et chaque meuble de chaque magasin. Nous n'avons jamais rien acheté. « C'est pour se promener. Et puis, c'est intéressant ! » Elle compare les prix, n'oublie pas d'emporter un prospectus. On s'assoit dans les canapés, dans les fauteuils, pour essayer leur confort. On ouvre les armoires, on fait coulisser les portes coulissantes. On tire les tiroirs, on détaille les éléments des cuisines intégrées. Elle commente. Elle s'épate devant des nouveautés qu'elle seule trouve épatantes. Elle caresse des matériaux d'une toujours plus grande facilité d'entretien.

Qui jouit moins que moi de ces dimanches ? Quel mari ? Quel homme ? Quel esclave ? Il y en a qui, au moins, vont à la messe, les plus chanceux aux vêpres. D'autres jouent aux courses. Ou taquinent le goujon, quand c'est la saison. Ou tapent le carton sur la table d'un bistrot, devant des verres de bière constamment renouvelés, le rêve. Ou vont au foot. L'équipe locale n'est pas mauvaise. De la maison, j'entends la supportation gueuliférer avant, pendant, et après les matches. C'est plus palpitant que la tournée des magasins de meubles.

Vers sept heures, sur le chemin du retour, on pose pied à terre dans une graillonnerie, à Bouillon sous le château des croisés, au bord de la rivière. Généralement, on se descend une frite avec des boulettes et une sauce genre sauce tomate, mais en plus chimique. Je reprends des frites, je reprends des boulettes, je reprends une bière. Camina aussi. En sortant, souvent on s'accorde encore une portion à la friterie ambulante. Avec du cervelas. Du cervelas chaud. Ou de la fricandelle. On aime bien. Entre deux bouchées, Camina, d'une voix suave, énumère toutes les merveilles qui nous ont été offertes au long de ce périple. Elle discute guéridon, panier à linge, vaisselier.

Nous, la maison est meublée en style belge. Du rustique massif faces et carcasses (côtés en lamifié), écrasant, aux formes vaguement romanes. Table de monastère, épaisse comme une main, sur des pattes taillées dans des poteaux du téléphone. Deux cents kilos de bois assemblés à l'aide de chevilles grosses comme du bâton de dynamite. Les chaises qu'on ne déplace qu'à deux mains, non sans s'épuiser. Le buffet va avec. Un trois-portes pleines qui a nécessité un stère de chêne et un quintal de métal à ferrure. Livré monté. Quatre déménageurs ne le bougent qu'à grand-peine. Une fois en place, parallèlement à la table, et transformant la salle à manger en parcours d'obstacles, c'est du pour la vie.

« On peut en mettre là-dedans ! Ça ne risque même pas de plier, alors pour rompre ! » s'extasie Camina qui aime le solide, clairement référencé *à l'ancienne*.

Dans le couloir, elle n'a pas lésiné : un râteau à foin au-dessus de la porte ; aux murs, d'un côté une pelle de boulanger (elle a servi !) et un tamis à graines, de l'autre un présentoir pour trois moulins à café, une théière d'avant la guerre et deux cendriers de bistrot. La chambre à l'avenant. Le lit ne cède pas d'une poutre au radeau de la Méduse. Cauchemar. C'est peu de dire que Camina aime le style belge.

Je rêve de mettre le feu à ce tas de bois. D'attaquer à la hache. De fendre, refendre et pourfendre. On peut haïr un buffet ou une table. On ne part pas gagnant, non. Mais on peut haïr. Je hais. D'une haine fragile. Qui ne soutient pas le regard de Camina quand il se reflète dans le bois qu'elle cire jusqu'à le transformer en miroir. Elle ne se lave qu'épisodiquement, mais ses meubles brillent. « Je leur donne du rendu ! C'est des meubles qui en ont besoin pour rendre ! »

Un jour, fulgurance de poète devant le spectacle du monde, j'ai déclaré : « Il fait beau, ce matin. » « Arrête de raconter ta vie », a rétorqué Camina. J'ai arrêté. Lamoule glissait dans la rue. Elle a un pas de femme qui veut qu'on remarque qu'elle revient d'avoir fait l'amour. Mes yeux accompagnent sa croupe jusqu'au moment où elle disparaît dans le couloir de l'immeuble, en face, trois numéros plus loin. Son logement donne sur l'arrière-cour, un autre monde. Un monde de rêve, à mon avis.

« Qu'est-ce que tu regardes comme ça par la fenêtre ? » demande Camina, sans se décoller les rétines du feuilleton de la télé. « Rien », je dis. « Alors, ne regarde pas ! Ça m'énerve. »

Sa jalousie est immonde, souvent. Et brutale. Elle m'arracherait les yeux, si elle connaissait mes pensées à propos de Lamoule, et de bien des femmes qui m'obsèdent. Elle m'arracherait aussi les testicules, qui ne lui ont jamais été d'un grand service. Et le jonc. Elle m'arracherait le jonc. Le poserait sur l'établi du garage. L'écraserait à coups de marteau. Ou le saignerait comme un goret. Ou l'envelopperait de fil de fer barbelé dont elle enfoncerait les extrémités dans une prise de courant. Monstrueuse chatouille !

Elle se vante d'être jalouse. Depuis notre première rencontre. « Je suis jalouse, m'avait-elle menacé, malade de jalousie. Je suis capable de tout. Du pire. Tu me trompes, je te tue. Si je sais seulement que tu as envie de me tromper, je te tue. Si, dans ton sommeil, tu prononces le nom d'une autre femme, je te tue. S'il me vient le moindre soupçon, même injustifié, même absurde, même grotesque, je ne cherche pas à comprendre, je te tue ! Tu es prévenu : ne m'offre jamais le moindre motif de jalousie. Il en va de ta longévité. » Après dix-huit ans de mauvais ménage, elle n'a pas tiédi. Je la crains. Je me méfie. Je me protège.

Je tiens des comptes aussi. Par exemple, voilà douze ans que je n'ai pas fait l'amour. Camina pense que c'est une activité qui ne sert plus à grand-chose. « Il existe d'autres manières de montrer qu'on s'aime ! » Je ne suis pas un homme à me plaindre de mon sort, mais si je devais répondre aux questions d'un sondage, je dirais que j'ai trouvé le temps long, ces douze dernières années. Plus de quatre milliers de jours. Plus de cent mille heures. Des minutes par millions. Et il ne s'est pas passé une seule de ces minutes où je n'aie projeté ardemment de faire l'amour. J'ai donc eu envie six millions de fois. Six millions de fois. Six millions. Au moins. Un calvaire. Le plus piètre des malheurs, c'est d'épouser une femme qui n'aime pas ça, parole d'expert.

Toutefois, elle prête une oreille attentive aux narrations suffocantes de Lamoule. Elle l'encourage dans sa débauche : « Vous avez raison, madame Quillard, une femme seule n'a pas intérêt à se replier sur elle-même. » Mais les deux baissent la voix lorsque j'apparais. Il y a des choses qui me défonceraient les oreilles si on me permettait de les écouter.

Je perçois des bribes, par-ci par-là. Parfois, j'entrouve le passe-plat. Je me régale. En épluchant les légumes, en remuant une vinaigrette, en préparant le thé ou le café. Je suis sûr que c'est à moi que Lamoule aimerait exposer ses dévergondages. En douce, elle me décoche de ces œillades qui coulent dans mes tripes comme du métal en fusion.

Il y a longtemps, j'ai dit : « On ne se marie tout de même pas pour rester chaste, Camina... », « Eho, a-t-elle grogné, on ne se marie pas non plus pour baiser ! » C'était sans réplique. Je n'ai pas répliqué.

Pendant que Camina était au téléphone, accaparée par Beignet, son fin fou de frère aîné, Lamoule visitait la cuisine, reniflait au-dessus des casseroles, me bousculait d'un coup de fesse, prononçait des mots louches, comme « carotte », comme « concombre », et ce disant riait en se mordant la lèvre inférieure et en rentrant la tête dans les épaules, comme quelqu'un qui s'attend à un juste châtiment. Je dois avoir l'air idiot en cas d'érection, car une lueur étonnée a parcouru le regard de Lamoule qui murmura : « Grosse bête ! »

Dans l'autre pièce, Camina criait. Beignet endurait une crise d'angoisse qui l'avait encerclé par surprise. Il voulait se jeter dans le vide. « Pas le vide, Beignet, bordel ! Pas le vide ! » criait Camina. L'autre reculait d'un pas. Il se tournait vers le tuyau du gaz. Camina hurlait : « Pas le gaz, putain, Beignet ! Pas le gaz ! » Puis : « Pas la noyade, merde ! T'es con ou quoi, Beignet ! » Et encore : « Pas le train, Beignet ! Tu fais chier à la fin ! » Beignet s'accrochait à l'autre bout du fil. Il continuait à débiter ses mises en demeure.

C'est sincèrement que Beignet voulait se tuer. Je l'aurais laissé libre de son choix. Lamoule a plaqué son ventre contre le mien. Elle avait chaud, sa fièvre a traversé les étoffes instantanément. Je ne pouvais pas bander plus raide et plus gros. J'ai eu nettement l'impression que la peau de mon membre se déchirait de haut en bas. Ma qualité d'obsédé fait que je me tends à la limite de la rupture. Trop de force. Trop d'arriérés. Je ne pensais plus à Camina, qui était loin dans le téléphone. L'haleine de Lamoule sentait le sucre. « Nous deux, nous deux, nous deux… », a-t-elle soufflé avant de se décoller de moi et de refluer vers la salle à manger, en se dandinant comme une oie qui pond en marchant.

« Beignet a fait le con ! » a annoncé Camina. Elle a appelé l'hôpital psychiatrique. « J'espère qu'il ne sera pas trop tard ! » Et on a volé tous les trois, moi chauffeur, Lamoule en soutien, au secours de Beignet, qu'on a découvert sans vie : il s'était cassé la tête en la frappant contre le dormant de la porte.

« Qu'il est con ! Qu'il est con ! Il est chaud ! Il n'a même pas encore perdu un degré ! Merde, on l'a raté d'un poil ! »

Elle s'affairait. Un quart d'heure plus tard, les infirmiers ont emmené le corps dans une housse. Lamoule grimaçait. Avec un mouchoir en papier, Camina essuya les éclaboussures de cervelle.

« À deux minutes près, on le sauvait », soupira-t-elle.

Je me suis retenu de dire : « Pour quoi faire ? » C'est vrai, j'aime autant qu'ils crèvent tous, dans cette famille. Camina avec. Et vite. La mort de Beignet ne me réjouit pas, ni ne me peine. J'ai examiné son cadavre, sans me pencher vers lui. Il y manquait les mouches et quelques jours de putréfaction pour me le rendre sympathique.

Camina annonça le malheur à sa mère et aux rescapés, frères et sœurs, par cette formule sobre : « Beignet a fait le con ! » Ce fut assez pour provoquer des émois et du tapage. Ils braillèrent comme de se découvrir avec la mort aux trousses. Personne ne put contrôler la vieille. Elle pissa sans discontinuer pendant un temps incroyable, tout en explosant de sanglots. Trois voisins la maintenaient sur le fauteuil, un quatrième la ligota avec cinq ou six mètres de corde à vache. Le docteur lui cloua une seringue dans le bras. Pendant une heure, elle résista au calmant. Elle couinait : « Beignet ! Beignet ! Beignet ! » Elle voulait qu'on lui rendît son fils. Sur-le-champ. Mort ou vif. « Il est à moi, puisque je suis sa mère ! » Elle prévint qu'elle porterait plainte contre la morgue, pour détournement d'enfant. Elle finit tout de même par somnoler. Avec, à intervalles réguliers, de longues et mugissantes aspirations.

Camina n'est jamais aussi vertigineusement elle-même que dans les moments difficiles. Elle règne. À chacun assigne une place, un rôle, une responsabilité. Distribue les tâches comme un aboyeur de chantier. Gare à celui ou à celle qui ne file pas doux et droit.

« Il faudrait que je rentre chez moi », piétinait Mme Quillard. Elle jouait avec une montre-pendentif qui n'exagérait rien en marquant neuf heures et demie du soir. Camina me chargea de rapatrier son amie. L'ordre me parut improbable. Je fis la sourde oreille.

« T'as entendu ou faut que j't'en mette une deuxième couche ? » s'énerva-t-elle. En poussant la table, elle ajouta, me toisant, le nez froncé : « Tu rapporteras deux tréteaux, qu'on n'installe pas le cercueil sur la table ! » Lamoule m'avait précédé sur le perron. J'entendis encore la voix hargneuse de

Camina jeter derrière moi : « Et n'en profitez pas, tous les deux ! Sinon… »

À peine ai-je enclenché la première que Mme Quillard, par moi bien juteusement surnommée Lamoule, s'élança dans des paroles insinuantes et dans des soupirs d'affreuse douleur. « J'ai bien manœuvré », dit-elle avant de se lécher les lèvres dans un bruit de semonce. « Il y a des années que je suis curieuse de ce que tu caches », poursuivit-elle. Elle se caressait peut-être la pointe d'un sein à travers le chemisier. Les yeux à la limite des phares, surveillant la nuit, je ne percevais à mon côté qu'un mouvement têtu de tissu frotté ou froissé. Et aussi une aspiration de salive mâchée et remâchée sans discrétion.

Elle a demandé, à mi-voix : « Tu as envie ? » Et sa main coulait de tous ses doigts sur ma cuisse, n'en finissant pas de grouiller à moins d'une paume de l'aine, par taquinerie. La gorge serrée, j'ai dit : « Oui. » Tout mon corps tremblait.

« Il paraît que tu n'es pas porté là-dessus. D'après Camina.

— Comment cela, pas porté ? Camina dit que je ne suis pas porté ? Elle a de l'air en trop, elle !

— Entre femmes, on ne se camoufle pas les soucis, les frustrations et tout démantibulage !

— C'est le contraire ! Moi je ne pense qu'à ça ! La preuve : je suis un obsédé !

— Un obsédé ?

— Je te le dis !

— Un obsédé de la ronflette, comme dit Camina.

— Pas du tout !

— Un obsédé de quoi ?

— De la femme ! De ce que la femme a de plus femme ! Un obsédé de ce qui distingue sans aucun doute la femme de l'homme !

— Tu aimes le cul, toi ? demanda-t-elle d'une voix languissante qui sonnait comme une offre de service.

— Je n'aime que ça ! »

À peine l'avais-je assurée de mes goûts, que d'un coup, sans me prévenir, elle se remplissait la main avec mon sexe, râlant comme une gargouille un soir d'orage, gloussant des mots admirables. Ce qui s'est passé à ce moment-là, je ne m'en souviens pas dans le détail. Je me suis vidé dans sa main. C'est sûr. Complètement. Jouissant de la surprise d'être enfin touché par une autre chair que la mienne. J'ai crié. Elle me traitait de saligaud. Ma tête a cogné contre le toit de la voiture. Le volant m'a paru lourd, comme soudé au mur de béton noir de la nuit. J'ai eu l'impression de sombrer dans un sommeil suave, en paix comme je ne l'avais jamais été. Mme Quillard me parlait, mais je ne comprenais pas ce qu'elle disait.

Le réveil fut douloureux. Les pompiers m'avaient abandonné sur une civière étroite, à l'entrée des urgences de l'hôpital, au milieu des courants d'air et du vacarme des allées et des venues. Je ne pouvais pas tourner la tête. Ni parler. On m'a plusieurs fois enjambé, sans me prêter la moindre attention. À un moment, quelqu'un s'est penché vers moi :

« Vous n'avez rien. Ne bougez pas. »

Je n'avais pas envie de bouger. J'aurais voulu qu'on m'installe dans un coin plus tranquille. J'ai repensé à Mme Quillard. Où était-elle ?

On m'a changé de place et de litière. On m'a parlé d'un accident. J'aurais perdu le contrôle de mon véhicule. La voiture aurait percuté une benne à ordures en stationnement. « Vous vous souvenez ? »

Oui. Mais j'ai fait celui qui ne se souvenait pas bien. Ou pas du tout. Le type remuait d'une épaule à l'autre une tête de chou rouge. Il m'a répété plusieurs fois les mêmes questions, auxquelles il ne me serait pas venu à l'idée de répondre.

J'ai entendu :

« Il n'a rien. Le choc. Pas une marque, pas une égratignure. Le choc. »

C'était Lamoule qui s'enquérait de ma santé. Elle posa sur moi un regard sévère. Elle s'adressait à l'infirmier en m'appelant « monsieur Plonque ». Serviable, elle avait fait téléphoner à Camina.

« On a le temps », ai-je supplié.

Mais elle ne faisait pas attention à ce que je pouvais marmonner. J'étais content parce qu'elle semblait indemne. Je m'en serais voulu si ma maladresse avait eu des conséquences funestes sur son physique.

« Camina va arriver, monsieur Plonque », m'a-t-elle soufflé à deux doigts des narines. Avant de compléter, un demi-ton plus bas : « Vous ne seriez pas d'une variété un peu hâtive, sur le plan que vous savez, par hasard, cochon pressé ? »

Ce n'était pas une question. Aussi ne vis-je pas la nécessité d'y ajouter. Je clignai de l'œil et je dis, en sortant faiblement la langue : « J'aime ton cul… » Elle ne trouva pas d'autre réplique que : « La fièvre vous fait délirer, monsieur Plonque. Restez calme, ça va passer ! »

J'aurais bien poursuivi mes assauts, mais le docteur

m'examinait, sans douceur, en me secouant la tête, en me tirant sur les bras, en me pliant les jambes. Il avait éloigné Lamoule. À côté de lui, une infirmière papotait dans un téléphone portable. Elle parlementait avec des amis qui les attendaient, elle et le docteur, dans un restaurant, à cinq minutes, même pas. Ils arriveraient vers dix heures.

Le docteur m'enjoignait de m'asseoir. Je fis celui qui ne comprenait pas. L'infirmière me prit sous l'épaule, lui aussi, de l'autre côté, et ils me levèrent. Un type qui passait et à qui ils n'avaient rien demandé leur prêta spontanément main-forte. Ils m'adossèrent contre le mur. L'infirmière téléphonait à la jeune fille qui gardait le petit Jordy, son fils. Il avait bien mangé, oui. Il dormait comme un ange, oui. La jeune fille l'avait embrassé de la part de sa maman, oui. Chez des gens pareils, il faut repasser longtemps pour apercevoir le bout de la queue d'un problème : ils vivent des vies qui roulent toutes seules, heureuses du début à la fin, sans faiblesses, sans heurts, parfaites et confortables.

« Tout va bien ! » dit-elle au docteur en replaçant le portable dans la poche de sa blouse.

Et ils me laissèrent sur le chariot, contre le mur, assis au bout du couloir, sans me saluer, sans m'adresser la parole. Je les vis disparaître derrière le comptoir de l'accueil. Ils riaient. Je n'avais rien, mais ils s'en fichaient. C'est beau, la médecine.

C'est vrai, je n'avais mal nulle part, une vague migraine. Mme Quillard était sans doute retournée chez elle en prenant un taxi. Mon estomac criait famine. Sans s'adresser spécialement à moi, le docteur avait affirmé qu'il ne voyait aucun inconvénient à ce que je rentre à la maison, y compris par mes propres moyens. Je n'avais pas relevé. Pas entendu.

Je me trouvais bien à l'hôpital. Jamais je ne prendrais sur moi de le quitter.

« Qu'est-ce qu'on fait du gros, au fond ? a crié une aide-soignante.

— Il gêne ?

— Il n'a rien à faire dans le couloir !

— Sa femme va venir le chercher.

— Qu'est-ce qu'il a ?

— Le choc.

— On ne le garde pas une nuit ?

— Plus de lit ! »

Mauvaise nouvelle donc. Cela ne me dérangeait pas de dormir au bout du couloir, d'attendre jusqu'au moment où une place se libérerait, demain, après-demain. L'aide-soignante avait une paire de seins très gros. Elle devait se lever et se coucher de mauvaise humeur. Lèvres pincées, regard inhospitalier, gestes rudes. Tout en elle contrariait cette paire de gros seins, qui constituait, au moins à mes yeux, un préjugé favorable. Le temps de méditer ce paradoxe ne me fut pas offert : claquant des talons, Camina déboulait.

« La voiture est naze ! braillait-elle. T'as rien, toi ! J'ai pris mes renseignements au téléphone, t'as rien ! Ils n'ont même pas eu besoin de te donner de l'aspirine ! Allez, debout ! Ouste ! »

Je me suis raidi de toute ma volonté. Fixant la poignée de porte, à l'autre bout du couloir. Les dents serrées comme un étau.

« Un coup comme ça, juste le soir de la mort de Beignet ! Tu choisis ton heure ! À croire que tu l'as fait exprès pour me gâcher l'enterrement ! Et maman qui pleure des litres ! Et les autres qui se balancent comme des zombes, tellement ils se sont gavés de cachets et de gélules ! Et toi, tu pètes la bagnole ! Au moment où on en a le plus besoin ! Ça ne t'arrive jamais de penser à moi, au mal que je me donne pour faire tourner la boutique, arranger les affaires de celui-là, rendre service à celui-ci, merde, il faudrait voir à ne pas abuser de ma bonté ! »

Elle dit encore qu'elle en avait assez de mes conneries. Et en général assez des conneries des autres. Et assez de toujours devoir assumer pour les autres. Et je faisais partie des autres. Forcément. Lourd et bête comme je suis, une charge, un poids, un boulet, qu'elle montrait de son index pointé. Elle proféra des horreurs sur mon compte. Comme on dit : je me faisais appeler Arthur. Elle n'a pas peur qu'on l'entende. Elle menait un tel boucan que l'interne de service a poussé la porte battante et sans avancer d'un pied dans le couloir il a invité Camina à la mettre en veilleuse. Camina l'a traité de fonctionnaire.

« Ils se croient tout permis, ces nubuques ! On cotise ! Alors à l'hôpital on est chez nous ! »

Elle était énervée. Elle me cognait l'épaule à coups de paume, en m'insultant. Je fixais rien, même plus la poignée de la porte. Rien. Et pas une parole. Le souffle calme. Comme un homme dans le coma. Elle a vu de la comédie dans mon attitude. Ne s'est pas gênée pour rameuter la fille de l'accueil.

« Qu'est-ce qu'il a dit, le médecin ?

— Il va bien. Il peut marcher. Il n'a rien.

— T'entends ? Le docteur a dit que tu peux marcher ! Qu'est-ce que t'attends, merde !

— Il est encore un peu sous le choc, peut-être, avança la fille de l'accueil qui avait longtemps rêvé d'être infirmière.

— Il est qu'il veut me faire chier ! Ne cherchez pas plus loin ! Eho, je ne vois que ça : tu veux me faire chier. Dis-le et qu'on n'en parle plus ! Tu veux me faire chier ! Je le connais, mademoiselle. »

Elle exprimait grossièrement ce que je pensais avec décence. Je voulais qu'elle comprenne que j'avais reçu un coup définitif. Que plus rien ne serait comme avant. C'était, du reste, mon intérêt. Sans cette simulation qui me protégeait de la raison et des responsabilités, le moulin de Camina m'aurait sans cesse délivré des blâmes, à cause de la voiture accidentée juste le jour où on en avait le plus besoin, à cause qu'elle ne pouvait pas travailler à la funéraille de Beignet, ni consoler ses loques humaines de frères et sœurs dépressifs.

Elle ne s'était pas encore lassée de me le reprocher :

« Et sans voiture, qu'est-ce qu'on devient ? Comment on retourne chez maman ? »

La fille s'était repliée derrière le comptoir de l'accueil et compulsait des papiers et des annuaires. Camina s'en prenait à l'administration, au gouvernement et à « ce connard de Dieu de merde ! ». Elle me poussa hors du chariot, me tira de l'autre côté, par les épaules, en me pinçant de toutes ses forces la peau du cou, espérant ainsi me faire réagir. Je n'ai pas bronché. Je me fis aussi lourd que je le pus. Camina est solide. Et déterminée. Elle m'envoya son poing dans l'œil. Je vis des étoiles. Mais elle ne me tira pas une protestation. Même pas un soupir.

« Un fauteuil ! Un fauteuil ! » appelait-elle, en me maintenant contre le mur où j'avais subtilement tendance à glisser vers le sol.

La fille de l'accueil, pressentant la fin de ses soucis, accourut en propulsant devant elle un fauteuil :

« Ça vous sera plus facile de l'emmener là-dessus. Je vais vous aider.

— Pour une fois que vous ne serez pas payée pour rester assise ! maugréa Camina.

— Rien ne m'oblige à vous donner un coup de main, rétorqua la fille en restant aimable.

— C'est ce que je dis ! » articula Camina en me bourrant le dos de coups de genou à travers la toile du fauteuil.

Moyennant un pourboire, qu'il négocia avec pugnacité, le chauffeur de taxi aida Camina à me transporter jusqu'à la chambre :

« Il est paralysé ? s'enquit-il.

— Non, non, il se donne un genre. »

Je fus jeté sur le lit, comme un vêtement, et ils quittèrent la pièce. Camina donnait l'adresse du domicile de sa mère. Je les entendis dévaler l'escalier, claquer les portes, faire grincer la grille du jardin, s'éloigner dans le taxi. J'avais la nuit devant moi, pour savourer ma nouvelle situation. J'attendis de longues minutes dans le noir et le silence, respirant l'odeur de poussière et de moisi qu'exhalaient les couvertures. Je repensais à Lamoule et à ce qui s'était passé dans la voiture et qui se trouvait à l'origine de l'accident, et de cette promesse de bonheur pour moi, et de tout un avenir de liberté et de jouissance. Je me fis gémir un peu, gentiment, rien qu'à penser au geste de Mme Quillard, sa main sur mon affairement et tout d'un coup l'incroyable exonération, des années de sperme répandues en une fraction de seconde, des litres, une inondation, et la voix déconcertée de Lamoule : « Il ne te faut pas grand-chose, toi… » Ensuite, le boum et le reboum, la benne à droite, sur le trottoir, le poteau à droite aussi, mais plus loin, l'arbre à gauche, le gueulement de Mme Quillard qui se voyait déjà morte, des klaxons donnant l'alerte au quartier, et cette somnolence molle, entre la veille et le sommeil, à travers laquelle on perçoit un monde dont il nous semble qu'on n'en fait déjà plus tout à fait partie.

Je ne me souvenais que de certains fragments de l'aventure : la benne, le cri de Mme Quillard, la voiture des pompiers. Je me mentirais en voulant me faire croire que j'ai revu toute ma vie en une fraction de seconde, comme les gens qui tombent d'un balcon ou qui se noient. J'ai revu des fesses de femmes aperçues dans la rue ou par la fenêtre, des fesses que je pensais avoir oubliées depuis dix ou quinze ans. Je les ai revues aussi nettement que si les femmes à qui elles appartenaient étaient en train de me les promener au ras de l'aile du nez. Je les ai toutes revues, dans l'ordre, dans la chronologie, proportionnellement à l'intérêt qu'elles avaient éveillé en moi. C'est un peu revoir sa vie, aussi. Ma timidité naturelle fait que je connais les femmes plutôt mieux de fesses que de face.

Comme la nuit était partie pour être interminablement douce, j'ai répété, non sans ravissement, que je suis un obsédé, un obsédé, un obsédé, un obsédé du cul de la femme, un obsédé du cul de la femme, je ne connais que cela, je ne veux connaître que cela, le cul de la femme. Je me suis donné raison. À propos du cul de la femme. À propos de l'obsession. Et j'ai mis pied à terre, j'ai marché, je suis sorti de la maison, j'ai traversé la route, j'ai poussé la porte de l'immeuble où habite Mme Quillard, j'ai monté deux étages. À droite, la porte de l'appartement de Mme Quillard. Magnifique. J'ai sonné. J'ai caressé le bois. Il avait un goût de graisse, une odeur de vieille frite et, bizarrement, de chaussette et de vinaigre. C'était bon quand même. J'ai frappé du plat d'une main, et sonné du pouce de l'autre. J'étais excité, comme un animal en rut. J'avais l'impression de sentir encore sa main sur ma braguette, qui se mettait à me serrer à travers le tissu. C'est fou parfois ce que l'imagination nous entraîne, malgré une certaine volonté de résistance. Je me trouvais dans le noir, à sonner comme un dingue, à frapper et à gratter, à souffler comme un malade, et je voyais nettement Mme Quillard nue, appuyée à pleins coudes sur le bord de la machine à laver, et me présentant son derrière, les jambes légèrement fléchies, les reins creusés. Elle est un peu grasse. Plus qu'un peu grasse. Il y en a à aimer en elle, de haut en bas, de bas en bas, tout autour, à droite et à gauche, devant et derrière, sans discontinuer, les cuisses rondes comme des jambons, les joues roses comme des pâtisseries, une bouche et une langue comme un champ de fraises, des seins, du ventre, de l'épaule, et du sexe, le ravissement de l'obsédé, de la bête, de l'homme privé depuis des siècles. Je la vois. Je ne touche que la sonnette et la porte, mais je la vois, Mme Quillard. Elle ne sait pas qu'au fond de ma secrète intimité saligaude je la surnomme Lamoule. Comment le prendrait-elle, si je le lui en faisais la confidence ? Je ne lui dirai pas tout de suite. Plus tard. Quand on aura vraiment fait affaire ensemble, dans un lit, dans des draps, jusqu'au bout et avec les honneurs rendus à la cavalerie, et des cris obscènes, et des propos grandiosement déplacés, graveleux, ponctués de ricanements, de gloussements et de coups de langue mouillés sur le visage, dans l'oreille, dans les trous de nez. C'est écœurant, mais privé comme je l'ai été avec Camina et depuis tant d'années, le meilleur de ma vie, j'aime autant faire des choses très écœurantes, pour avoir une chance d'épuiser avant de mourir à peu près tous les cas de figure et toutes les pratiques de l'amour physique, le seul qui mérite qu'on s'y arrête, qu'on se complique la vie et qu'on se fatigue la santé.

Les sentiments, on en revient, comme de la messe. C'est aliénant. La tendresse, d'accord. C'est une des phases de l'amour physique. On est tendre avant, pour se mettre en train. On est tendre après, pour se récupérer. Indispensable si on cherche un rendement valable et un bon indice de satisfaction. Mais la tendresse se passe des sentiments, elle a une idée derrière la tête, et c'est de placer son mâle en position d'être accepté par la femelle. C'est un genre de pourparlers.

J'en parle à mon aise : exploitation de souvenirs lointains, des époques de ma jeunesse, d'avant Camina. J'ai connu quelques expériences dont l'évocation, plus tard, m'a fait regretter plus âprement d'avoir épousé une peau de lapin.

Mme Quillard dormait loin. Elle n'entendait pas mes appels, mon ardeur, ma passion. Je n'ai pas cessé de sonner et de frapper toute une heure durant. Avec des précautions, de sorte à ne pas indisposer les voisins et surtout de ne pas être surpris et reconnu par quelqu'un, lequel s'empresserait de rapporter à Camina ma présence et mon exaltation sur le palier d'une femme qui donc ne lui était pas inconnue et qui ferait bientôt, en quelque sorte, partie de sa famille, par alliance, du côté de la mise en commun de la chair. Oui.

N'est-ce pas. La malveillance est de règle dans les relations de quartier.

À la pensée de tromper Camina, aucun scrupule ne trouble ma conscience. Je m'y prépare même avec une délectation catégorique. Toutefois, je ne tiens pas à ce qu'elle doute de moi. Quand je me dis que je veux la tromper, je veux la tromper le plus trompeusement possible, la duper infiniment, abuser du peu de confiance qu'elle conserve en ma personne (et qui résulte surtout d'une propension à me considérer comme un gros imbécile, incapable de rien, et donc incapable de plaire à une femme). Je veux la rouler dans la farine, la trahir aux petits oignons, lui faire jaillir les cornes du front avec délicatesse, avec lenteur, avec un art gracieux de l'extrême fourberie, en magicien. Surtout qu'elle n'en sache jamais rien. Et que je puisse m'amuser tranquillement à l'observer en femme trompée, en ignorante, et à prendre à cela un plaisir espiègle.

Ce sera fait, consommé, réglé quand je m'enfoncerai dans Mme Quillard, qui dort sur son lit. D'un mouvement de jambes, elle a repoussé les couvertures, le drap, et elle déploie tout d'elle, parade nocturne aux fiers rebondissements, aux buissonnements rayonnant d'ombre et de beaux secrets, aux courbes d'océan apaisé. Je me noie dans ces images qui m'assaillent, me remplissent, bourdonnent comme de l'été dans mon crâne. Elle va émerger de son trop profond sommeil. Elle va entendre la sonnette. Elle va m'ouvrir la porte. Elle approchera son visage du mien, comme pour vérifier qu'elle doit en croire ses yeux. Elle ouvrira la bouche. Sa langue viendra à la rencontre de ma langue. On se sucera mutuellement, avec des bruits de soupe salement mangée.

« Qu'est-ce que vous faites, là, à quatre heures du matin ? »

Je la vois. Elle a mis la minuterie. Elle se balance dans une clarté verte et épaisse. Je lui parle immédiatement de mes intentions. Elle fronce le nez, cligne des yeux et m'affirme un peu sévèrement qu'elle a besoin de dormir. C'est à ce moment que je m'aperçois que je suis assis sur le paillasson, dans l'encoignure de la porte, et que je me suis assoupi. Mme Quillard rentre de quelque part. D'avoir rencontré un homme. Il n'était pas dix heures du soir lorsqu'elle a quitté l'hôpital.

« Vous revenez de quoi, madame Quillard ?

— De quoi quoi ?

— Je ne sais pas. Je dis de quoi comme je dirais de où. C'est seulement pour savoir. Parce que je m'intéresse à ce que vous faites.

— Rentrez chez vous.

— Je suis libre jusqu'à l'aube. On a le temps de reprendre notre petit ouvrage… »

Elle semblait estomaquée. Elle maintenait son sac à main contre son ventre. Le rouge à lèvres avait coulé d'un côté de la bouche. Elle devait, en effet, avoir besoin de dormir. Elle m'a écarté, sans brutalité, et a faufilé la clef dans la serrure de sa porte.

« Vous ne m'aimez plus, madame Quillard, à ce que je vois. »

Je ne me lamentais pas. Je formulais une affirmation précise. Avec une ferme gravité. Et de la provocation. Lamoule haussait les épaules, et lippait.

« Il ne s'agit pas de cela, Plonque. Il est seulement tard et je tombe de sommeil.

— Vous avez eu une nuit fatigante, sans doute. »

Elle riait. Son rire lui secouait les joues, comme des sacs à moitié remplis d'une matière flasque.

« Je n'aurai plus jamais une aussi belle occasion ! Beignet ne mourra pas deux fois.

— Taisez-vous… », murmura-t-elle en battant des paupières.

Je reprenais espoir. Ses défenses cédaient. Je lui signalais qu'on ne pouvait pas continuer à discuter sur le palier. Elle me laissa entrer, avec un soupir fâché. Elle lança ses chaussures contre le mur d'en face, qui devait être celui de la salle de séjour, posa son sac à main sur un guéridon où se trouvait le téléphone, ôta sa veste, qu'elle accrocha à une patte de chevreuil montée en portemanteau, et se tournant brusquement vers moi :

« Plonque, je vais être froide comme une bière qui sort du frigo et tu seras déçu. À cause de toi, on aura raté notre jonction.

— Il y a douze ans que je ne me suis pas mis dans une femme.

— Qu'est-ce que tu me racontes ? Et Camina ?

— Elle s'en passe !

— C'est que tu ne sais pas y faire.

— J'ai tout essayé.

— Tu t'y es mal pris. Une femme, ça peut se priver de manger, mais certainement pas de ces choses-là.

— Je vous le dis.

— Je te crois, Plonque. Mais je ne vois pas ce que ça change pour nous ce soir. Tu vas me grimper dessus, je serai comme une traverse de chemin de fer, avec un trou pour les boulons. Je ne te sentirai pas, ça ne fera que passer, et on n'en gardera pas un souvenir qui nous fera rêver de recommencer.

— Je comptais beaucoup là-dessus. Je me faisais un plaisir. Je sens que c'est impératif, qu'il faut faire quelque chose, qu'il faut éteindre la braise. Pour l'instant, vous ne faites que lui souffler dessus.

— Je ne fais rien.

— C'est de vous regarder, madame Quillard. C'est de penser à vous. Vous me plaisez. Je suis raide comme de l'os.

— Tu m'esquintes, Plonque... »

Elle m'attira contre son corps, colla sa bouche contre ma bouche, m'aspira la langue. Elle grognait. Elle recula d'un pas et prit appui contre le mur. D'une main, elle me fouillait le pantalon, de l'autre me guidait sous sa robe. J'en eus les mains pleines, de son sexe. Elle s'occupait du mien, avec une habileté diabolique. Elle remuait tout son bassin, en rond, en donnant parfois des petits coups en avant. Elle me plaqua contre elle, sans arrêter de me manœuvrer. Je me mis en position de la pénétrer. C'était extraordinaire. Maintenant, sa langue tournait et retournait dans ma bouche. Ma tête se laissait traverser par des visions vertigineuses, je caressais des seins, mes doigts plongeaient dans du poil, je suivais des courbures, des différences de température, des failles, des fentes et des plis, des replis. Comme dans la voiture, j'ai perdu le contrôle de la situation. Mme Quillard me nettoya complètement à la main. Je m'étais, pour ainsi dire, rendu compte de rien.

« Voilà, Plonque, un souci de moins pour toi ! s'exclama-t-elle en s'essuyant la main au pan de ma chemise.

— J'aurais préféré...

— Moi aussi ! » affirma-t-elle avec férocité. Elle mentait, évidemment. Elle m'avait bien eu, connaissant mes antécédents, ma sensibilité, mon arriéré, et le désir maniaque que j'avais de me mettre en elle. Elle avait profité de mon état. C'était pas chic. Toutefois, le moins qu'on puisse dire, c'est qu'elle a la main, Mme Quillard. La main et le tour de main.

« Vous l'avez fait exprès, ai-je reproché en secouant ma main droite.

— À chacun son métier, Plonque : à moi de te faire venir, à toi de te retenir ! »

Elle me repoussa vers la sortie. Promit vaguement pour les prochains jours, parce que je refusais de m'en aller sans un engagement formel de sa part. Elle soupira qu'elle me trouvait « pelant ». Ce sont des réflexions qui me rappelèrent Camina. Je levai le camp. Amer.

Mon épouse ne plaisante pas avec la religion. Tout suicidé qu'il fût, Beignet eut droit à une messe en bonne et due forme. On n'avait pas lésiné sur le cercueil. Du sapin français, verni effet chêne clair, poignées en laiton, quincaillerie anglaise, classe. Une croix à rendre le Christ fou de jalousie.

Jusqu'à la dernière minute j'ai cru qu'on me laisserait au lit. Que ma qualité de grand paralytique m'exempterait des corvées. Aurait dû.

« Mettez-moi-le sur la chaise à roulettes ! » avait-elle ordonné à ses frères et sœurs, au nombre de quatre, tous plus déprimés les uns que les autres, tous vêtus de noir noir, les yeux bordés d'anchois, ayant passé des heures à pleurer le disparu, sans se nourrir, mais non sans lécher des goulots. J'ai cru qu'ils allaient me démolir, tant ils tiraient d'un côté et de l'autre, me cognant contre les murs et les portes, puis contre la rampe de l'escalier, me laissant tomber sur le palier, me traînant à même le sol, tout en s'engueulant entre eux, très fort, car ils ne parvenaient pas à accorder leurs théories sur la meilleure méthode de portage. Ils y mettaient de la bonne volonté, mais les forces venaient vite à leur manquer. Bernard poussa un cri en japonais, pour se dénouer d'une angoisse. Maurice s'effrita en larmes, c'est ce qui lui faisait le plus de bien. Bernadette fixa les pensées qui tournaient fou dans sa pauvre coquille, ses lèvres se crispèrent sur un silence qui se prétendit ostensible. Solange bouffait son poing.

« Je n'en peux plus ! dit Bernard.

— Je ne m'en remettrai jamais, dit Bernadette.

— Quelle souffrance ! dit Maurice.

— Rien à dire », dit Solange.

Tout en continuant à évoquer leur triste sort, ils tourniquaient autour de mon corps, lequel, allongé sur le carrelage, se refroidissait comme une grosse chique. Ils erraient dans des problèmes psychologiques d'une acuité suprême. Leurs râles moins entremêlés qu'embrouillés mollissaient jusqu'à moi et m'enveloppaient dans une ambiance poisseuse d'inquiétude et de découragement, bruine puante, sale.

Sans plus se préoccuper de ma présence, ils se livrèrent longtemps aux exercices que leur prescrivaient habituellement les psychiatres et les psychologues. Ils grimpaient aux murs, de la paume se cognaient le crâne, un coup à droite, un coup à gauche, mécaniquement, ils jouaient de la trompette avec la bouche, en essayant de se tordre l'œil. Ils respiraient sur des tempos d'accouchement. C'était pitoyable. Le deuil ajoutait une dimension à leur chagrin. Ils s'engueulèrent encore, à cause de ce que leur avaient expliqué leurs thérapeutes respectifs. Ils souffraient tous de la même maladie, mais chacun tenait à conserver une petite originalité : la touche personnelle. Rien de plus privé que la dépression. Rien de plus singulier. Chez l'un ce sera l'esprit, chez l'autre les nerfs, chez un troisième l'âme, chez un quatrième l'humeur, chez un cinquième le caractère. Le plus verni, le plus incontestable, prince déprimé de la couronne, saint déprimé de l'auréole, Dieu déprimé de la trinité, cumule les cinq possibilités, et d'autres.

Dans l'agitation, des coups de pied se perdirent dans ma direction, des chaussures s'enfoncèrent entre mes côtes, me piétinèrent les mains. Les quatre menaient un train d'hôpital psychiatrique, avec des chants apaches et des rires frénétiques. Ils faisaient mine de se pencher à la portière, comme pour menacer de se jeter dans le paysage qui glissait à toute vitesse. La mort rôdait. On la pressentait de l'autre côté de la porte qui donnait sur le garage.

Au bout d'un moment, plus personne n'osa bouger. Ils étaient affalés dans des postures indignes de la responsabilité que leur avait confiée Camina. Ils m'avaient oublié. Ils ne pensaient plus qu'à eux, comme toujours les dépressifs.

Tout de même, ne voyant pas poindre le convoi, Camina vint aux nouvelles. Quand elle les découvrit collés aux murs comme des écrasures de mouches, elle entra dans une de ces rages dont pas une parole ne s'affiche moins grièvement vexatoire que celle qui l'a précédée ou que celle qui la suivra. Un mot, une injure. Nous étions dans le métal lourd. Mes porteurs se protégeaient le visage en levant les bras. Ou se retournaient dans le coin des murs, le front contre le plâtre, les épaules secouées de sanglots. Camina n'omit pas, évidemment, de m'adresser quelques locutions humiliantes, mettant en cause ma probité et l'authenticité du dommage subi lors de ma mésaventure routière. De ma faute, ces complications ! Dont acte.

Je fus installé sur une chaise à roulettes qu'un vieux du quartier avait cédée à Camina pour un litre de vin. C'était un instrument en bois, court sur pattes, peu rembourré, équipé d'un pot pour les besoins, d'une attache à la ceinture et d'un lien pour chaque avant-bras, et dont la forme générale correspondait assez à cet engin mobile avec lequel les bébés élaborent leurs premiers pas, que les anciens appelaient une « promenette ».

« Et vous me l'attachez serré, qu'il n'aille pas aggraver son cas en se recassant la gueule ! »

Le voyage en camionnette fut un prélude à des tristesses plus officielles. Camina, cherchant à se mettre à jour sur le plan lacrymal, mêlait désormais ses larmes à celles de la fratrie.

Bernard, qui pleurait moins facilement que les autres et dont la vue demeurait donc plus longtemps sans se brouiller, avait été chargé de prendre le volant. Quand le véhicule stoppait à un feu rouge, il en profitait pour exprimer son cri thérapeutique et lançait ses bras dans tous les sens. Cela le délestait d'un fardeau qu'il sentait là, dans le creux, exactement.

Le fourgon mortuaire attendait devant chez la mère. Du bout de la rue, on l'entendait brailler, la vieille. Elle avait interdit aux croque-morts l'accès de sa maison et leur enjoignait de regagner sur-le-champ le cloaque d'où ils venaient. Ses yeux étaient gonflés comme des éponges bleues et lui débordaient de la tête. Les piqûres du docteur ne lui faisaient pas plus d'effet qu'un changement de lune sur le cours des feuilletons télévisés. Camina reprit la situation en main. Elle bouscula les croque-morts, les fit entrer dans la maison au pas de course, en criant plus fort que la vieille, qui mordait dans le bois du cercueil, émiettait le rameau de buis dans le flacon d'eau bénite :

« Y a du monde qu'est venu bénir ? s'enquit Camina pour intéresser sa mère à quelque chose.

— De son vivant, Beignet ne connaissait personne, pleurnicha la mère. C'est pas une fois mort qu'on se met dans les relations. Mme Boulmont est venue à la cliffe, bien désolée pour moi, quand même. Elle n'était même pas au courant pour la dépression de Beignet, c'est dire si on s'intéresse les uns les autres dans le quartier.

— Elle voulait surtout voir quel cercueil on avait choisi, reprit Camina. Elle a enterré son cousin Bob, y a pas quinze jours. Dans du sapin. Pas plus.

— Il a été vite parti aussi, son cousin Bob, chougna la mère. Paraît qu'il avait un kyste au cœur.

— Il paraît, soupira Camina. Il est mort tout d'un coup, une chance.

— Beignet aussi, il est mort tout d'un coup ! Là-dessus, il n'a pas été désavantagé. »

La conversation se poursuivit dans la camionnette. On suivait au pas le corbillard, d'accord à l'unanimité que le cercueil rendait bien. Il était bien visible. Propre. Brillant. Il sentait le neuf.

« C'est mieux de ne pas trop charger avec des gerbes et tout ça, murmura Bernadette.

— C'est pas surchargé, attesta Maurice.

— C'est ce que je dis, dit Bernadette.

— Tu sais pas quoi, Camina ? commença la mère.

— Je vais le savoir, affirma Camina, par réflexe.

— Beignet est mort, et son psychiatre ne lui a même pas adressé une petite carte de condoléances.

— Les condoléances, c'est pour les vivants, précisa Maurice.

— De toute façon, son psychiatre n'a envoyé de carte ni à Beignet ni à nous.

— C'est qui qui le soignait ? interrogea Camina.

— Le docteur Bordier.

— C'est un nubuque, Bordier ! Un nubuque !

— Quoi, un nubuque ?

— Un nubuque ! Bordier, c'est un nubuque ! Il est surtout connu pour ça ! Encore plus que comme psychiatre !

— Évidemment, puisque c'est en tant que psychiatre qu'il passe pour un nubuque ! »

Puis Camina aperçut quelque chose de suspect. Elle se tut pendant un long moment.

« Maurice, dit-elle enfin.

— Cinq sur cinq, articula Maurice qui tenait de temps en temps à proférer des plaisanteries d'homme normal.

— Regarde un peu ! Le croque, qu'est-ce qu'il fait ?

— Quoi, le croque ?

— La main du croque ! Celui de droite !

— Il frappe sur la portière !

— Et poum ! Et poum ! Et poum poum !

— Oui, c'est bien ça ! Et poum ! Et poum ! Et poum poum !

— Les salauds ! cria Camina.

— Je vois pas en quoi…, s'inquiétait Maurice.

— Double ! ordonna Camina.

— Doubler, doubler…

— Double, je te dis, merde ! »

Elle s'énervait, jetait des coups de poing devant elle. La vieille piaillait. Maurice fit gueuler la boîte de vitesses. Bernadette sombra dans une crise affreuse, se frappant la tête contre la tôle, se retournant les bras, mordant les lanières de cuir qui pendaient contre la cloison. La camionnette fit une embardée. Maurice jeta son cri de guerre. Camina l'encourageait et criait avec lui, sur le même ton, mais avec une férocité décuplée.

Je vis ce que les autres voyaient. Dans la cabine du fourgon mortuaire, les croque-morts battaient une mesure pleine d'entrain, en mâchant du chewing-gum.

« Les salauds, ils mettent l'autoradio ! En plein enterrement !

— Les salauds, chougna Bernard.

— Heureusement que Beignet est mort ! Il en aurait été malade, de voir ça.

— Sensible comme il était !

— Bloque-les-moi, qu'on règle les comptes une bonne fois pour toutes ! Merde ! »

Maurice se replia vers le trottoir, contraignant le fourgon à stopper. Camina fut tout de suite dans le caniveau, à s'agiter, à tourner sur place, à ameuter les populations. Elle menait un tapage inouï. Les croque-morts balançaient la tête par le carreau baissé.

« Alors, hurlait Camina, on enterre avec de la musique de variétés ? C'est du respect pour le défunt ? Je demande : c'est du respect pour le défunt ? Vous n'avez pas choisi le bon métier. Fallait vous mettre marchands de drogue dans une boîte de nuit, je m'excuse ! »

Les frères et sœurs, la vieille, l'avaient rejointe sur le macadam. Tous menaient la sarabande. Des fenêtres s'ouvraient. Des portes claquaient. Quelques badauds parmi les audacieux vinrent pour plus de précision. Camina avait attrapé un croque-mort par le col de chemise et, l'obligeant à descendre du fourgon, elle lui réclamait de restituer le corps dans les délais les plus brefs :

« Rendez le corps de Beignet ! Immédiatement !

— Mais, madame…, bafouillait le croque-mort.

— Le corps ! Et vous nous le chargez dans la camionnette ! Vite !

— Mais la cérémonie !

— On se débrouillera ! Beignet mérite qu'on se recueille comme il faut !

— On se recueillait, madame, se défendit l'homme en noir.

— En musique ? Avec quoi ? Du rock ! De l'accordéon, ça se trouve ! Heureusement que Beignet n'est pas là pour voir une telle chose ! Allez, le corps dans la camionnette ! Et plus vite ! Ah !

— Vous n'avez pas le droit, madame ! »

Le croque-mort se révoltait. La vieille lui balança un coup de sac à main dans la poitrine.

« C'est mon fils ! Une mère a tous les droits sur son fils. Surtout quand il est mort !

— Le cercueil dans la camionnette, s'il vous plaît, merde ! insistait Camina.

— Sans l'autorisation de nos supérieurs, nous ne pouvons pas, madame.

— Ils refuseraient de rendre à une mère le corps de son fils ? pleura la vieille sur un mode vaguement interrogatif. Ça ne vous suffit pas, qu'il soit mort ! Il faut, en plus, qu'il soit privé de l'affection des siens ! »

Ils se mirent tous à danser une danse du scalp autour des croque-morts, à distance, laissant à Camina le soin de botter les fesses à ces derniers ou de les gifler ou de les coller contre un mur pour les étriper. Ils lui faisaient confiance, en ce qui concernait la manière forte.

Ils se lancèrent à chanter des insanités, des complaintes de fous, qu'on apprend lors des séjours en milieu psychiatrique, quand meuglent sous cachets et poudres curatives les remontées terrifiantes et l'égarement dans les temps insolubles.

« Le défunt est sous contrat chez nous, expliquait le croque-mort. Vous avez signé. De la prise en charge à la dernière pelletée de terre, c'est notre ouvrage. Notre devoir de prestataires. Notre honneur. »

Il entreprit le mot *déontologie*, mais s'embrouilla la langue et l'idée. Il se borna à répéter, mais en appuyant sur chaque syllabe : « Notre honneur !

— Cause ! fit Maurice.

— Rendez-moi mon Beignet ! hulula la vieille en pliant sur ses jambes, les mains crispées dans la cuvette de sa robe, entre ses cuisses.

— Ça va mal tourner, menaçait Camina.

— Les funérailles sont un produit comme un autre, madame ! arguait le croque-mort. Régi par les règles de l'art ! Et une longue tradition !

— Ta gueule, maintenant ! ordonna Camina en prenant sa figure d'adjudant.

— Il y a rupture de contrat, je vous préviens ! Rupture de contrat ! Ça peut aller chercher loin, une rupture de contrat, je ne vous dis que ça ! Que ça. »

Camina l'avait poussé contre un panneau de stationnement et lui crachait au visage. Les quatre malades mentaux déchargeaient le cercueil, en pissant de larmes. La mère les excitait. Le deuxième croque-mort, qui était moins chef que le premier, avait trouvé refuge dans un bistrot, de l'autre côté de la rue. D'un œil au coin de la vitrine, il suivait les événements en se grattant le haut du crâne, à travers la casquette.

« Je vais leur montrer, moi, à ces nubuques, comment on enterre ! » déclara Camina, en grimpant dans la camionnette.

J'étais à moitié écrasé par le cercueil, sur lequel les autres étaient installés. Le fourgon mortuaire suivit, vingt mètres derrière.

« Beignet doit être heureux de s'en aller en famille ! » s'extasia Bernadette, en joignant les mains contre sa bouche.

Plusieurs eurent des gestes affectueux contre le bois du cercueil, caresses ou petites tapes.

« C'est vrai, quoi, commença Bernard qui était comme au sortir d'un rêve, c'est vrai, quoi.

— Qu'est-ce qui est vrai, Bernard ? interrogea Maurice.

— La musique, ça donne mauvais genre, affirma Bernard, sans être certain de ne pas proférer une bêtise.

— Ça dépend aussi quelle musique, faut voir, renifla Solange.

— Il y a de la bonne musique, malgré tout, reprit Bernard.

— Il y en a. Qu'est-ce que tu en dis, Bernadette ?

— Je dis comme Solange : pour la musique, faut voir. Mais j'aime pas. »

Frappant dans ses mains comme une institutrice qui rassemble la cour de récréation, Camina informa son monde que la camionnette pénétrait dans le cimetière du Grand Bichetin. Les croque-morts nous dépassèrent sur le terre-plein.

« Ils nous doublent, les vaches, grogna Maurice.

— Laisse faire ! dit Camina. On ne sait pas où est le trou.

— Où est le trou ? demanda Solange, qui claquait des dents.

— C'est ce qu'on te dit : on ne sait pas.

— Remarque, laissa tomber Bernard, un trou ça se remarque.

— Ça se remarque, ça se remarque…, maugréa Maurice, qui roulait ses larges épaules dans un mouvement dubitatif.

— Eh si que si, que ça se remarque, un trou dans un cimetière, s'en mêla Bernadette.

— Laissez le trou tranquille ! les rappela à l'ordre Camina. Pour l'instant, on va à la chapelle.

— On sait, grinça Bernard, qui se vantait souvent de ne pas croire en Dieu.

— Je vous demanderai de vous tenir avec un maximum de dignité, leur recommanda Camina. Je ne voudrais pas que les Rachot laissent une impression antipathique.

— On pourra pleurer ? demanda Bernadette en levant le doigt.

— On pourra.

— Même fort ?

— Pas trop.

— Moi je préviens : je pleurerai à ma main, dit la vieille.

— Maman, tu peux, toi, tu es la mère du défunt fils. C'est la situation la plus triste, mère d'un défunt fils. Mais si tu pouvais ne pas tomber dans les pommes, ça serait bien. On n'est pas des masses à porter, hein.

— On n'est pas des masses.

— Et puis, y a lui ! rappela Camina avec une manœuvre du menton dans ma direction.

— On le porte pas, lui, on le pousse ! précisa Solange.

— Dans l'état où il est, pesta la vieille, il serait mieux à la place de Beignet. »

On m'abandonna au milieu de la nef, dans la promenette. Un mètre devant moi, les croque-morts se tenaient de chaque côté de l'allée centrale, les mains en cache-sexe, raides comme des gardes suisses, ne manquant ni un signe de croix ni un *de profondis*. À un moment, Camina fit des histoires au curé, accusé d'expédier la messe des morts et d'escamoter des prières essentielles pour le repos de l'âme. Du coup, la famille se mit à mugir avec tant d'énergie que le prêtre prit le parti de s'asseoir, en frappant le carreau d'un talon plein de rage. Il consulta deux ou trois fois sa montre, sans lever les yeux vers son public qui braillait. Saisie d'une inspiration subite, la vieille se jeta sur le cercueil et tenta d'en ouvrir le couvercle. Le curé soupirait.

« Libérez Beignet ! Je vous en supplie : libérez Beignet ! Mon fils ! Beignet ! Libérez Beignet ! »

Cet accès de chagrin maternel mit les enfants sens dessus dessous, à l'exception de Camina qui essayait, en vain, de rétablir un semblant de sérénité dans les lieux.

Maurice fut bientôt juché sur le cercueil. Il se frappait la poitrine, serrant dans son poing une botte de *mea-culpa*. Bernard et Bernadette vomirent dans leur mouchoir, qui était large. Solange se mordit la main jusqu'au sang. Intérieurement, je me plaisais à ce spectacle affligeant. Je ne levais de paupières que ce qu'il était nécessaire pour suivre l'action sans en perdre un détail.

« Quels cons, ces cons-là ! chuchotait le croque de droite.

— Putain, les clients ! » approuvait le croque de gauche.

Tout ce vacarme m'empêchait de me concentrer sur le

souvenir de Mme Quillard. J'avais pourtant envie de durcir pour elle. Même de loin. Et puisque les circonstances s'y prêtaient, d'offrir cette érection au Dieu d'amour, comme s'adressaient à Lui les hommes et les femmes de foi. Afin de m'assurer les grâces et la collaboration du Ciel, j'aurais voulu sacrifier un cierge, le plus gros, à dix balles les cent grammes de suif, trois jours de supplication lumineuse.

Je priais, en moi. Avec une sincérité qui me malaxait le cœur dans une émotion dont je sentais qu'elle avait cinq doigts :

« Mon Dieu, faites que je me fasse Lamoule bien vite ! Que je la fourre ! Que je m'y enfourne ! J'ai des projets généreux à son égard ! Je ne voudrais pas mourir sans avoir passé un petit moment dans une femme ! Mon Dieu, avez-vous vu ce que vous avez fait de moi ? Un gros machin avachi, pas beau à regarder, pas appétissant, qui a gaspillé sa jeunesse et près de vingt ans de sa vie à attendre le bon vouloir, le bon désir d'une épouse moins sensible aux caresses qu'une truelle de maçon ! Mon Dieu, à cause de cela je suis devenu un véritable obsédé des choses du sexe ! J'en rêve quand je dors, et je me réveille pour en rêver plus fort ! J'imagine des saloperies énormes ! Des jouissances pratiquement irréalisables ! Donnez-moi Mme Quillard, mon Dieu, et je deviendrai le plus reconnaissant, le plus fidèle, le plus aimant de vos enfants ! »

Ma supplique trouva sa fin dans la chute qui fit rouler Maurice en bas du cercueil, de dos, et dont je reçus les effets, ses jambes en avant, son crâne fracassé contre la dalle, bien que les croque-morts se fussent efforcés, beau geste, d'en stopper la lourde course avant qu'elle ne m'atteignît en plein. Mon engin à roulettes fut propulsé en marche arrière, arracha des chaises à leurs rangées et à leur rangement, traversa le porche à la vitesse de la lumière et, après avoir dévalé trois marches, se renversa, moi avec, dans le gravier qui puait la pisse de chat et le jus de mort.

« Le con ! Le con ! » criait Camina.

Je m'étais écroulé dans une position confortable, sur le côté, accompagnant le mouvement du fauteuil et l'adaptant à mon besoin. De loin, tout le monde me traitait de con. Je les entendais.

« Qu'est-ce que t'as été marier là, ma pauvre fille ! gémissait la vieille.

— Maurice, commanda Camina, va voir s'il a rien !

— Pardon, j'enterre mon frère ! Pas deux choses à la fois ! protesta Maurice.

— Il a raison ! vociféra la mère. C'est pas un Plonque qui va gâcher l'enterrement d'un Rachot ! On aurait tout vu ! »

Les croque-morts furent donc délégués. Pendant que la messe reprenait son cours, je fus relevé par des mains plus expertes à manipuler les morts que les vivants.

« Il fait son poids ! dit l'un.

— Un bloc ! dit l'autre.

— Combien tu dis, toi ?

— Le quintal, au moins.

— Il le fait, à l'aise.

— Faut souhaiter qu'il disparaisse en mer, sinon, merde, les croque-morts qui auront à le porter vont se dévisser le bras. Et l'épaule !

— On le rerentre ?

— Non. On va le mettre sur le côté. À droite, derrière les buis. On en profitera pour en fumer une petite.

— C'est toujours pas lui qui nous dénoncera !

— Oh, la gueule ! Il est sous torsions, le mec !

— Qu'est-ce qu'il a, à ton avis ?

— De la calamine dans les veines du cerveau. Ou alors, un relâchement de la moelle. Maladie génétique.

— Une manie de nos jours.

— Je veux. »

Le curé avait invité les malades à entonner un cantique d'adieu, en français de catéchisme. Comme personne ne connaissait les paroles, et que pas un ne lisait couramment, le curé chantait seul et la famille aboyait en essayant d'observer la mesure. Les croque-morts calèrent la promenette face à un arc-boutant, s'installèrent sur leurs talons, dos au mur, bras en appui sur le gras des cuisses. Ils allumèrent des cigarettes et les fumèrent avec des mines frimantes.

« Tu te la ferais, toi, la petite brune ? demanda l'un après un long silence tabagique.

— Laquelle ?

— Celle qui ne parle pas beaucoup.

— Qu'a une grosse bouche ?

— Qu'a une grosse bouche, bien vu ! »

Ils en avaient après Solange. Qui malgré sa petite taille et son poids de plume a toujours eu une grosse bouche.

« Tu te la ferais ?

— Je sais pas si elle est faisable, elle.

— Si elle l'était.

— Ah, si elle l'était, alors oui, d'accord, je me la ferais ! Je me la fais tout de suite. Tout de suite. Sans problème. Par ici, madame. Un préambule, une chatouille et, hop, un coup j'te vois le bout et, hop, un coup j'te le vois pas !

— Panpan, la zigue !

— Panpan, la goune !

— Panpan, la zigoune ! »

Les deux se secouaient la bosse, en crachant la fumée, en postillonnant. Ils redoublèrent d'obscénités. Toujours sur le dos de Solange, qui leur avait tapé dans l'œil, avec sa grosse bouche. Une bouche ! Une bouche ! Ils avançaient les lèvres autour de leur langue allant et venant avec un clapotement suggestif. Ou bien mastiquaient de la salive, sans discrétion. Ou bien, bouche ouverte en rond, aspiraient de l'air avec un bruit immonde.

« C'en est une !

— Elle le porte sur elle !

— Physique. C'est physique. »

Comme quoi on peut avoir le haut du crâne ceint d'une casquette aussi légale qu'une couronne mortuaire et se laisser berner par les apparences les plus élémentaires. Car Solange était vierge comme l'aurore. Sa grosse bouche ne ventousait, au mieux, que le hot dog de la friterie Roland, dont la camionnette stationnait à la hauteur du centre de jour où les déprimés notoires se retrouvent sous surveillance médicale trois fois par semaine pour jouer aux dominos, aux billes, à la main chaude. Son plus grand péché, c'était d'arrêter de prier à l'heure de manger. Elle vivait ouverte vers le Ciel, flottant dans les azurs piétinés par les saints. Elle se signait quand le hasard et les manigances des ombres et de la lumière lui faisaient croiser son reflet dans une vitrine, un miroir ou une flaque d'eau.

« Je ne peux pas me voir ! » répétait-elle, pour justifier ses comportements précautionneux et ses attitudes circonspectes.

Un jour, un thérapeute l'avait ligotée sur une chaise placée à quelques centimètres d'un miroir. Pendant dix-huit jours, elle n'avait pas ouvert les yeux. Quand on l'interrogeait, elle répondait :

« Je ne peux pas me voir !

— Pourquoi ?

— Parce que c'est dangereux pour moi ! »

Longtemps après, les psychiatres avaient conclu, noir sur blanc, qu'elle n'était pas folle, mais qu'elle ne pouvait pas se voir. Ils en avaient retenu de curieuses leçons à propos des rapports qui lient la maladie mentale, les miroirs et le sens de la vue. Ils avaient même cru deviner que les aveugles sombraient moins souvent dans la folie que le commun des voyants. Simple supposition.

« Un jour, je me crèverai les yeux ! » menaçait Solange, lorsqu'on tentait de la piéger, en lui glissant sous le nez une photo d'elle prise à son insu.

Elle aimait prier, parce qu'on prie généralement les yeux fermés, et que les églises baignent dans la pénombre. Elle chaussait de temps en temps des lunettes aux carreaux opaques et se déplaçait à tâtons. En fait, sa seule crainte, c'était de se croiser dans la rue, de se voir venir à sa rencontre et d'aller d'un pas égal vers elle-même, persuadée qu'elle était que son reflet lui prendrait le peu de vie qu'elle sentait vibrer au fond de son corps, mais pour souffrir, malheureusement. Elle priait. Ou se mordait les doigts, le poing, les bras.

Les croque-morts se portèrent au-devant du maigre cortège qui s'était reformé à l'entrée du chœur, sous la moue souveraine du curé. On m'avait garé au plus bas du parvis, à droite de l'allée, deux roues dans l'herbe, deux roues dans la gravelle.

Quand ils pénétrèrent dans la lumière du jour, les déprimés s'affaissèrent sous le poids de la réalité, visible au-dessus de leurs têtes. Ils réprimaient les cris qui leur faisaient enfler la gorge. Camina les menait comme un troupeau d'oies, les rassemblant d'un grognement ou d'une bourrade. Le curé baguenaudait à la traîne, avec l'air d'afficher qu'il n'avait rien de commun avec le groupe d'ostrogots qui le précédaient.

Toute fumante des larmes qu'elle venait de pleurer, la vieille trottait derrière le cercueil en implorant Beignet de revenir embrasser une dernière fois sa mère. Elle espérait de Dieu un prodige, une surprise, comme la télévision en réserve quotidiennement à ses invités illustres : on voit le copain ou le fils ou le professeur (à l'article de la mort) du chanteur en super-direct des États-Unis, de l'autre côté de l'océan, à des distances infranchissables sans préparation. Il s'excuse de n'être pas parmi vous. Mais le travail, le décalage horaire, les obligations, le contrôle fiscal en cours, un mariage récent à Vegas, un divorce à Reno. Il explique. À la fin, il embrasse tout le monde. Le chanteur illustre a les yeux qui se lézardent. Il dit combien il aurait été heureux de serrer contre son cœur le copain, le fils ou le professeur (à l'article de la mort). Mais il comprend, les kilomètres, l'heure d'été, les obligations. L'animateur (vedette) le console : « Ah, le faisceau ne nous a permis qu'un direct d'une brièveté déchirante. » « C'est déjà bien, dit le chanteur illustre. Depuis le temps qu'on n'avait pas eu l'occasion de se causer. Merci la chaîne ! » L'émotion les rétrécit, leur serre le gosier. L'animateur (vedette) guide son invité vers le long canapé de couleurs vives, et tout d'un coup l'orchestre pète le mur du son, emplit l'espace de cuivres et de cordes, les lasers truffent la nuit des studios de figures du plus bel effet, et du haut d'un escalier monumental apparaît le copain, le fils, le professeur (à l'article de la mort). Le chanteur illustre n'en revient pas. Il a une tête, que c'est un plaisir à voir pour un téléspectateur. Ses yeux n'en croient pas ce qu'ils voient. Ils tournent et se retournent. « Toi ici ? Alors que je viens de te voir, te voir toi, de mes yeux à moi, en super-direct des États-Unis ! Je rêve ! Oui, c'est un rêve ! »

« Il croit rêver ! clame l'animateur (vedette) en levant le bras droit, main ouverte en direction du public. Est-ce qu'il rêve ? Dites-lui, cher public, si oui ou non il rêve ! »

Et le public, bien entraîné à faire n'importe quoi, se scinde en deux clans : l'un pense que le chanteur rêve, l'autre qu'il ne rêve pas. Chacun extériorise son intime conviction. La bataille fait rage. Pour le bonheur de construire un beau chahut, en hommage au chanteur et à l'apparition, qui s'étreignent, qui se mouillent l'épaule, qui se racontent des choses à l'oreille. Puis, on joue ce qu'on nous demande de jouer, et qui s'est inscrit sur les panneaux lumineux. Standeupe ovachionne, c'est écrit. Tout le monde debout. Ceux qui n'ont pas pris américain deuxième langue suivent le mouvement de ceux qui ont compris qu'il fallait se camper et applaudir debout, comme aux États. Standeupe ovachionne ! Comme à la messe.

Elle a suivi cette école-là, la vieille. Devant son téléviseur. Depuis si longtemps. De Janique aimée à Janique ta mère, un parcours rectiligne. Comme disent les journalistes sportifs : « Un sans-faute ! » Elle ne connaît rien d'autre. Surtout parce qu'il n'y a rien d'intéressant dans la vie. « Beignet ! Beignet ! »

Elle espérait encore.

Aidés par Bernard et Maurice, très affectés, les croque-morts descendaient le cercueil dans le trou. Le curé, moderne, qui va aux putes trois fois par mois, chez Bobette, réputée pour ses filles de la campagne et ses tarifs plus que promotionnels (deux cents balles), se frottait les mains sans hypocrisie, comme un laïc, content de lui et de sa journée. Dans une intention salutaire, il répandit encore devant lui quelques *minousses* et quelques *bisquoumes* du meilleur effet, heureux de voir la corvée tirer à sa fin. Avant de quitter la famille, il se tourna de mon côté et versa sur mon infirmité des bénédictions pleines de bon sens. Il me souhaita bon courage, avec un clignement de l'œil et un mouvement de l'auriculaire qui voulaient signifier qu'il n'était pas dupe de mon inertie.

Après l'enterrement, la vieille, les frères et sœurs, tout le monde s'installa à la maison. Valide, je n'aurais pas toléré cette invasion. Camina me fit mettre au lit, dans des oreillers qui n'avaient même pas été retapés.

« T'as rien ! Tu veux que je marne, je ne marne pas ! Tu crèves, rien à foutre ! Je t'emmerde ! »

Elle articulait comme à la Comédie-Française, de sorte que je ne rate pas une miette de ce qu'elle avait à dire. Je n'exigeais aucun témoignage de tendresse de sa part. Ni la moindre compassion. Je me voulais paralysé, grosse chose figée comme la couche de gras au-dessus des terrines. C'était mon idée. Un destin.

« Qu'est-ce que tu dis ? »

Elle s'était retournée d'un bloc, essayant de me surprendre. Je n'avais rien dit. Pas même reniflé. Son regard se faisait féroce. Elle plissa les yeux.

« J'ai appelé le docteur Pételle ! »

C'était assez horrible, ce qu'elle me faisait là. Me faire étudier par le plus nubuque des nubuques, le con incompétent par excellence, l'âne, le pervers, le nuisible. Il s'était même fait révoquer de la morgue où comme médecin légiste, par maladresse et par ignorance, il avait la réputation d'esquinter les cadavres et les instruments de l'art. Ses connaissances du vivant et du sauvable se limitaient, en gros, à reconnaître un jour sur deux sa main droite de sa main gauche et un jour sur deux de les confondre. Il avait résolu le problème que cela lui posait en ne travaillant plus qu'à mi-temps. Toutefois, il lui arrivait aussi de se tromper de mi-temps.

Le pire, c'est que Camina, par respect pour les os friables de sa mère, donna à celle-ci le meilleur lit de la maison. Par conséquent, la vieille ronflait à mes côtés, pas gênée, à poil comme une ventouse, une lampe de poche à la main, qu'elle tenait allumée toute la nuit, au cas où elle se verrait dans l'urgence de se vider la vessie.

« On dirait bien qu'il est mort ! dit-elle en tombant sur le lit.

— Il vaudrait peut-être mieux pour lui, dit Camina.

— Il ne bouge pas plus que Beignet au moment où c'était le pire et qu'il a fallu se rendre à l'évidence. Le ravage.

— C'est une race qui ne meurt pas, maman ! T'as déjà vu un porc mourir de vieillesse, toi ?

— Ben non !

— Lui, c'est kif. Faudra l'égorger aussi. Sinon, il est parti pour nous emmerder un bail.

— L'égorger, tout de même, Camina ! Je n'aurais jamais pensé une chose pareille pour de feu ton pauvre papa. Paix à son âme. Enfin, lui, en tant que contrôleur des trains c'était un homme respectable, il n'a pas voulu laisser l'initiative à d'autres.

— Là, on fera faire. Pour les cochons, on embauche un tueur. Se salir les mains, je veux bien, mais pas sur ce fumier.

— Camina, je trouve que tu es dure !

— C'est pas un fumier ?

— Si.

— Bé, tu vois, maman.

— Mais ça ne se dit pas. Je trouve que ça ne se dit pas.

— T'es plus dans le coup, maman !

— Tu dois avoir raison. Remarque bien, maintenant, Camina, ça me fait chier d'avoir à m'endormir auprès d'un tas de fumier.

— T'occupe ! »

La vieille s'endormit, la lampe de poche collant au plafond un rond de lumière, qui bougeait au rythme de la respiration. En bas, Camina et ses frères et sœurs menaient un cirque de soir d'enterrement. Ils étaient saouls. Sauf Camina, qui ne boit pas. La télévision dépotait feuilleton sur feuilleton. Maurice était monté aux chiottes de l'étage, pour vomir. Le chien. Il ne tenait plus sur ses jambes. Il tira trois fois la chasse d'eau, avant de s'écrouler dans le couloir en demandant pardon au Gros Plant du pays nantais, une fréquentation à lui.

La nuit dura. La fête prit des tournures ésotériques. Il y eut de la table tournante, des chagrins excessifs, des menaces de mort, tous ces incidents qui sont les troubles majeurs de l'ivresse. Camina distribuait des coups de gueule et des conseils judicieux. Ils jouèrent aux chaises musicales. Ils se battirent aussi, à un moment. Je suivais les événements d'assez près, l'oreille contre la porte de la chambre, ou même, m'enhardissant, du fond du couloir, juste à l'entrée de l'escalier. J'apercevais des bouts de la pièce d'en dessous.

Le lendemain, je fus roulé sur la descente de lit, sans ménagement, cueilli en plein sommeil, à l'instant où Mme Quillard m'absorbait dans ses profondeurs mouillées. Ces vaches ne s'étaient pas mis au lit, salauds ! Tous bourrés, les œils dans le plâtre, l'élocution gluante. Et la fatigue les rendait méchants. Comme la vieille chavirait en bas dans la prédication glauque du téléachat, ils s'étaient autorisé un semblant de corrida dans la chambre. Ils me portèrent dans la salle de bains, me plongèrent dans une baignoire d'eau glacée, me frictionnèrent les côtes à la toile émeri. Ils riaient. Solange mâchait les boules de coton à démaquiller dont elle avait rempli sa grosse bouche, et cela me refit penser au croque-mort. Maurice empestait l'aigre et l'acide. Camina présidait à cette toilette que je pouvais assimiler à de la torture. Ils me relâchèrent sur le lit, trempé et en slip, m'annonçant la venue imminente du docteur Pételle. Qui fut là dans le quart d'heure.

« Paralysie générale ! déclara-t-il à l'assemblée agglutinée autour du lit.

— Il le fait exprès, oui ! » dit Camina d'une voix méprisante.

Ils l'approuvèrent tous, se poussant du coude et de la tête. Le docteur m'ouvrit la bouche, y glissa trois doigts, me compta les dents. Ensuite, il tâta mes carotides, la veine de l'aine, les chevilles. Il baissa mon slip, fit tourniquer ma pine dans tous les sens :

« Il n'est toujours pas paralysé de la pine ! C'est bon signe. »

Il me prit un bras, le plia, l'autre bras, le plia, une jambe, la plia, l'autre jambe, la plia, et conclut son examen par une longue explication insensée d'où ressortait, principalement, que je souffrais d'un accès globalisant de paralysie flasque :

« On en guérit, à la longue ! » décida-t-il.

Camina protestait. Elle expliqua que l'hôpital m'avait certifié en bonne santé. Les radios ne révélaient rien d'alarmant.

« Pas même un bleu, docteur ! Pas un, pas même !

— La médecine généraliste ne se contente pas d'effleurer la surface des choses comme le fait la médecine hospitalière, madame : elle explore les abîmes, du reste insondables, de l'être mental. Savez-vous que nous sommes tous fous, autant que nous sommes, vous comme moi, eux comme vous, nous tous comme lui, chez qui l'aliénation trouve son expression dans un symptôme de paralysie flasque ! Morbidus ! Morbidus ! Alors que chez nous elle se manifeste plutôt par un surcroît d'agitation, de fébrilité, d'énervement, de tension ! Mais tous fous, c'est la règle !

— Mais lui, il le fait exprès ! Il n'attendait que ça, pour couper à ses devoirs ! Il a toujours détesté les travaux domestiques. Éplucher les pommes de terre ! Il renâclait. Au fond de son cœur, il renâclait ! Trop malin pour le proclamer ouvertement, trop attaché à sa tranquillité, à son mutisme, à son retranchement. Mais, je le dis, le répète et le surpète : il renâclait ! »

Ensuite, ils parlèrent de moi comme d'un gros débris encombrant. Le docteur prit ma défense :

« Il n'est pas aussi gras qu'il en a l'air : c'est du gaz qu'il a dedans. C'est un zeppelin, votre mari. »

Ensemble, ils vidèrent une flache de goutte, d'un litre, dans des verres à moutarde à motifs floraux. Maurice servait la compagnie. Il ne relevait le goulot que lorsque l'alcool débordait du verre, coulait entre les doigts, s'égouttait sur les vêtements et sur le sol :

« C'est là que ça sent le meilleur, quand c'est répandu comme du décapant sur une couche de peinture ! La maison sent la merveille de haut jusqu'en bas, les effluves tombent par les fenêtres dans le jardin, rendent des couleurs aux fleurs, passent la grille, roulent dans la rue, annulent les odeurs de suie et de goudron, la ville s'en trouve instantanément dépolluée.

— C'est tout bénéfice pour l'environnement, en effet, approuva le docteur Pételle.

— Qu'est-ce qu'on fait de lui ? s'inquiéta Camina avec l'air de vouloir mener le docteur à la baguette.

— On le met en observation », dit Pételle en pinçant les lèvres.

Son décret ne satisfaisait personne. Surtout pas Camina, qui avait espéré que, fidèle à sa réputation, le docteur tenterait une chirurgie à vif, ablation du foie ou d'un testicule, épointage d'une oreille, découpage de la langue, pontage cardiaque, amputation d'un bras ou d'une jambe après anesthésie au vin de porto. Dans un passé assez récent, Pételle avait perdu un ou deux patients, après les avoir opérés de l'appendicite sur la table de sa cuisine, au cutter et à la pince à épiler, une boucherie fantastique, digne du cinéma à la viande.

Néanmoins, et par heureux, il ne craignait pas la réprimande du Conseil de l'ordre, tenu d'une main corruptrice, mais généreusement, par son frère Robert Pételle, séduisant massacreur, chef de clinique, fils de Vincent Pételle qui prétendait perdre sa journée s'il n'y avait pas un membre à séparer du tronc, intervention qui selon lui relevait de l'élagage d'entretien. Bref, il coupait sans trop de discernement, presque au hasard. On entrait dans sa clinique pour un ongle incarné, on en sortait avec une jambe en moins : « Revenez l'année prochaine, disait-il sans plaisanter, on arrangera l'autre. Comme ça, vous serez bien tranquille. » En ville, on l'aimait, car il se montrait bon chrétien, et que pendant la guerre il avait circoncis quelques Allemands, en douce, lesquels n'avaient pas osé s'en plaindre auprès de leurs supérieurs. La famille Pételle dépeçait le patient local depuis trois générations. Tronçonner était dans ses traditions. Ce que l'ancêtre résumait de la façon suivante : « Nous sauvons des vies, point final. Pour cela, il faut quelquefois sacrifier un bras ou une jambe. Sans dommage pour le reste du corps. Il faut savoir que le tronc est proportionnellement plus solide à mesure qu'on le débarrasse des membres qui le surchargent. Le cul-de-jatte, voyez-vous, récupère dans son sexe toute la force dépensée par les jambes. »

Ainsi, la chirurgie Pételle soignait-elle d'abord l'impuissance. Une difficulté d'érection, on coupait au genou. Une difficulté plus sérieuse, on arrachait une jambe. Généralement, à la deuxième jambe, le redressement attendu par le patient se produisait et, pour le moins, une vie nouvelle commençait.

« Les femmes, expliquait l'illustre boucher, aiment ces petits bouts de chou d'hommes, qu'elles manipulent comme des jouets, dont elles disposent à leur convenance, à leur caprice, et qui leur offrent un instrument toujours disponible, épais comme un mollet (quasi), gorgé de sève et inflexible comme s'il abritait désormais l'esprit du fémur immolé sur l'autel de la virilité. »

Dans la région, les culs-de-jatte étaient naturellement

plus nombreux qu'ailleurs, en conséquence le nombre d'hommes heureux et de femmes jouies dépassait de beaucoup les moyennes nationales, et la paix sociale régnait. Par gratitude, trois Pételle avaient déjà été immortalisés dans le bronze, au square de la gare (Vincent), dans le jardin botanique (Albert), au milieu de la place Pételle (Éloi). La collectivité ne ratait pas une occasion de rendre, non sans une pudique discrétion, hommage aux virtuoses du canif en leur adressant, gravée dans le marbre, cette formule pleine d'émotion : « Au docteur Pételle, pour sa contribution aux arts du remembrement, la ville reconnaissante. »

« Vous pensez, docteur, dit Camina, qu'une opération ne produirait pas d'effets un peu positifs !

— La paralysie flasque ne se traite pas par la chirurgie, madame. Ni par les médicaments.

— Alors, comment ?

— L'alcool, peut-être. Saoulez-le ! Il n'est pas impossible que l'ivresse lui rende le goût du mouvement. On a déjà vu ça.

— C'est dingue !

— Dingue ne relève pas du lexique médical, madame ! Mais puisque vous l'employez, je dirais que vous ne l'employez pas à tort. »

Ils sifflèrent la flache. Puis un litre de kirsch qui traînait dans le placard de la salle de bains. Enfin, du rhum blanc. Avant de descendre, à l'invitation de Camina, pour l'heure de l'apéro, rendez-vous incontournable.

« Il y a des heures qui n'attendent pas ! » approuva le docteur Pételle.

Pendant deux jours et deux nuits, je me tins coi. En observation. À dix heures, Bernard et Maurice montaient la vieille, l'écrasaient nue comme une motte de beurre sur le lit de Camina, à mes côtés. Quand ils refermaient la porte, un ronflement fétide filtrait déjà l'air de la chambre. En bas, la bière coulait sur des confidences dont le degré de niaiserie augmentait à mesure que la nuit s'épaississait. Le psychodrame nouait et dénouait ses cordes. Il était beaucoup question du père et de la drôle d'idée qui l'avait traversé de vouloir mettre un terme à son existence d'agent des chemins de fer, et d'y réussir.

« Un homme qui avait la loi avec lui !

— C'est pas compréhensible, vraiment.

— Il était du côté du manche.

— Une entreprise d'État, quel manche !

— C'est quand même de sa faute si on en est où on en est.

— Moi je dirais grâce à lui. Grâce ! Grâce.

— Avec la pension que tu touches !

— Je me suis découvert, tout de même, dans la profondeur de mon handicap affectif.

— Et nous ? Tu penses à nous ?

— Et moi, vous y pensez, à moi ! s'exclamait enfin Camina. Moi je suis normale ! Je profite de rien ! Pas un centime ! Personne ne s'occupe de moi ! On ne me soigne pas ! Je bois pas ! Je fume pas ! Rien.

— Tu portes ta croix aussi, Camina ! se récriait Bernadette, sans doute en pointant son doigt vers la chambre où j'étais censé dormir.

— Oh oui ! Ta croix ! approuvaient les autres.

— Je sais bien, va, je suis comme une sainte… »

Et ils reprenaient le tour de leurs malheurs, comme les fermiers font le tour de leurs champs. Ils ne s'endormaient jamais avant trois heures du matin, en vrac, sur les canapés, les lits, les matelas pneumatiques répartis dans les pièces du rez-de-chaussée. Ils sombraient dans un coma qui devait autant à l'alcool qu'aux gélules.

Camina était debout la première, et longtemps la seule, vers dix heures du matin. Elle réchauffait le café de la veille et se laissait tomber devant la télévision. Près de moi, la vieille ouvrait les yeux, s'essuyait des morves nocturnes, pétait, rotait, se plaignait que l'endroit puait la merde. Puis, avec des précautions de fémur en cristal, elle posait pied à terre, chopait sur la chaise un immense peignoir à l'effigie de Muhammad Ali, l'enfilait en gémissant que passé un certain âge la carcasse ne se désenraidit plus. Elle gagnait le palier, d'où elle appelait méchamment qu'on vînt la chercher.

Évidemment, on ne s'inquiétait pas trop de me nourrir. Camina avait dit : « La faim fait sortir le paralytique de sa paralysie ! » Jolie phrase qui avait beaucoup fait rire les dépressifs. Ils avaient sauté autour du lit, en chantant des airs classiques que la publicité liait à des marques de camembert, de mayonnaise, de plats cuisinés, de glace aux arômes naturels et de chocolats pralinés. Camina posait une bouteille de lait sur la table de nuit, y plantait l'extrémité d'un tuyau pendant qu'elle plaçait l'autre extrémité entre mes lèvres, et je devais me débrouiller, avec mon horreur absolue du lait et des compositions lactées.

« Le lait, aliment complet ! » pontifiait Camina en fronçant le nez et les sourcils.

Elle disparaissait. J'étais seul jusqu'à dix heures du soir, lorsque Maurice et Bernard déversaient, comme on vide un tombereau, la vieille sur le lit. Je prenais le temps de vaquer en silence, du lit à la fenêtre, de la fenêtre à la salle de bains, de la salle de bains aux chiottes, m'occupant à des tâches frivoles, comme feuilleter les catalogues de vente par correspondance, me mirer pendant de longues heures dans le miroir, penser à Lamoule, avec une énergie manuelle qui me brisait. Dans l'après-midi, ils partaient tous aux commissions à la supérette. Ou prenaient l'autobus et allaient au cimetière fleurir Beignet. J'en profitais pour me restaurer. Pour boire. Du vin et de la bière. En quantité. Parce que, contrairement à ce que prétendent hygiénistes et philosophes, l'homme n'est jamais aussi heureux qu'en état d'ivresse.

Tout en tétant un flacon de mousse, je surveillais par la lucarne du grenier la rue et l'entrée de l'immeuble où logeait Mme Quillard, la courette sur le côté où les hommes de la ville rangeaient des poutres, des bastaings, des éléments d'échafaudage.

Devenu paralytique, pratiquement certifié par la médecine, ou ce qu'il en restait dans un médecin comme le docteur Pételle, je me sentais radieux de pouvoir enfin me consacrer totalement à mes aptitudes d'obsédé sexuel, dans la chimère comme dans le tangible. La bête venait, comme jamais. Avec ses parties en granit. Ses boules de métal chauffé à blanc. Son jet d'acier trois fois trempé.

Pendant l'absence de la tribu, je revisitais mes trésors dans le grenier, des faux plafonds, des doubles fonds, des placards à secrets, des cloisons à mystère. Des milliers de femmes à poil. Des princesses à cul nu. Braves filles qui m'avaient permis de supporter toutes ces années auprès de l'abominable Camina, que les peintres symbolistes de la fin du siècle dernier auraient représentée sous les traits de la « Femme au chat mort ». Mon semblable, mon frère, n'épouse jamais une femme froide. Prends-la pleine de feu ! Il lui en faudra sept comme toi pour réduire de moitié cet incendie où tu te chaufferas de la tête aux pieds ! Sept ou, peut-être, septante-sept ! Sache tout de même que le plaisir est meilleur que l'orgueil, bien qu'ils aillent l'un et l'autre à vive allure en direction du cimetière, le premier plus joyeusement que le second, néanmoins.

Feuilleter des magazines où elles se déplient comme des compas, où elles se caressent les seins du bout de l'index préalablement humecté de salive, oh, oh, oh, ce qu'elles me feraient si je me trouvais près d'elles, moi Plonque qui n'ai pas fait l'amour depuis douze ans, et qui ai grossi, qui suis lourd, qui suis rond, qui suis rose comme un cochon, pas beau, et mou. Moi mes doigts sont sensibles comme s'ils étaient fabriqués dans de la peau de gland. Pas de la peau de prépuce : de la peau de gland. La peau de gland, c'est fin comme de l'oxygène, transparent, poli. Émotif. C'est émotif, oui. La peau de mes doigts, on dirait de la peau de gland. Je touche les photos et je sens comme les formes, j'écarte des chairs, je rencontre des tiédeurs, des densités, le battement du cœur, le battement du corps, le souffle. Mon majeur ne lésine pas. Il fait reluire les photos. Il trouve le bon pli et attaque ferme, à la jointure, entre le sec et le mouillé, il barbouille, l'encre se met à bouillir, à bouillonner, j'entends jouir la photo, la fille jaillit du papier, je me jette sur elle, on roule tous les deux parmi les vieux outils, les caisses de choses inutiles, les habits usés, on se balance des coups de bide, crac, et zouille, et que je la scie, que je la scie. Zauyée ! Il n'y a pas d'autre mot : je l'ai zauyée ! Elle me dit : quel zauyeur, tu fais, Plonque ! Tu zauyes comme un bûcheron payé aux stères !

Pendant douze ans, je me suis contenté de ces images, bien obligé. En cachette. Comme un gamin. En volant des sous dans le tiroir du buffet. Économisant des petites pièces. Jusqu'à réunir assez pour faire l'emplette d'un magazine nouveau, avec des femmes nouvelles, et de la chatte nouvelle, et des légendes qui précisaient le meilleur pour moi : qu'elles en voulaient, qu'elles en manquaient, qu'elles m'attendaient. Des femmes qui en voulaient, qui en manquaient, qui en attendaient, j'aurais fini par ne plus me douter que ça existait, avec Camina qui ne s'est jamais dévergondée plus qu'un tambour de machine à laver.

Depuis que la folle fratrie avait pris possession des lieux, Mme Quillard ne pointait plus sa poitrine à la maison. Je ne la voyais pas non plus passer dans la rue. Je m'ennuyais d'elle. Le troisième soir, j'ai enjambé le sommeil de la vieille et, sautant par la fenêtre du jardin, derrière la maison, en moins de deux minutes j'escaladais l'escalier qui m'élevait vers Lamoule, surnom vertigineux.

Elle m'attendait derrière la porte. Depuis trois jours marinant dans son désir. Rêvant de moi. Détraquée, à force.

La porte s'ouvrit :

« Plonque ! fit Mme Quillard avec une intense mimique désappointée.

— Moi ! » fis-je pour raffermir mon ego.

Et avant qu'elle fût revenue de sa surprise, je m'engouffrai dans l'espace qu'elle laissait libre entre son corps et le mur.

« Voyage incognito ! » dis-je en filant au fond du couloir, vers la porte de la cuisine.

Puis, me retournant dans un style assez frimant de *latin lover* :

« *Sono qui, la più bella del mondo !*

— Ce soir, ce n'est pas possible, murmura-t-elle sans refermer la porte sur la lueur blême du palier.

— Je vais te rendre heureuse !

— Pas ce soir !

— Dans moins de trois minutes, tu vas connaître l'extase !

— J'attends quelqu'un, Plonque ! »

Elle m'avait lancé cette horreur d'une voix qui n'avait d'autre ambition que celle de se faire entendre. C'était un cri de corne de brume. Une alerte. Une voix de péril en la demeure.

« Pars tout de suite, Plonque !

— C'est moi que tu attendais ! C'est moi que tu attendais ! *Sono qui, bella !* »

L'idée que je me trouvais à cinquante centimètres de son corps me rendait fou. Je voyais la fourche de ses cuisses, son ventre, à travers le tissu de sa robe, nettement, en relief et en couleurs, avec le frisé du poil, l'amorce de la fente, le petit bourrelet du pubis, avec ce pli qu'on ne voit qu'aux femmes qui ont du poids.

« Je me rends compte que ton sexe s'ouvre comme une fleur dégorgeant de rosée devant le soleil ! » lui ai-je déclaré, d'un souffle. C'était une phrase que j'avais lue dans un roman de mœurs. Du lyrisme. Les Orientaux s'expriment beaucoup par métaphores délicates où sont mis en scène les fleurs, la lumière, les nuages, la petite flûte, le petit tambourin. Les femmes ne demeurent pas insensibles à cette poésie, qui finalement ne coûte à l'homme qu'un peu de distinction.

« Il faut que tu t'en ailles, Plonque ! Je t'en supplie ! Ou je me fâche ! »

Mais j'étais sur elle, comme une fondue sur une miche de pain. Je lui collais à la mie et aux croûtes. Elle faisait flop,

flop, flop, avec la bouche. Elle recracha ma langue. Mais ses résistances cédaient. Dans les instants de haute débauche, les femmes ne connaissent pas les sentiments, ne savent même plus leur nom, leur âge, le nombre de leurs doigts, elles deviennent une pâte fervente, une fièvre, un remous. J'ai beaucoup lu. Et du meilleur.

Je sentis que je m'élevais. Une force cuisante me pénétrait dans la raie des fesses, m'écrasait les roustons, me brisait la nuque dans un étau de feu. J'avais de sa salive sur le visage, barbouillée. Ma main se détacha du dessous de la robe où elle fouillait et s'humectait à des eaux de vraie vie. Je pris mon envol. Je vis les murs chavirer, le plafond et la lampe tourner d'un quart de tour. Puis de loin, de haut et dans l'ordre : le meuble au téléphone, une paire de chaussures, un poster représentant Marlon Brando en casquette et bras nus sur une motocyclette.

Mme Quillard criait, en se débattant. Ma tête porta contre la porte de la salle à manger, ne m'y assommant qu'à moitié.

Je me déballai d'un œil. Et je fis la connaissance de Bitove, un tatoué deux fois plus lourd que moi et à qui une colère jalouse tordait la gueule, qu'il avait traviolée déjà de naissance.

« Je t'avais dit, Plonque… », pleurnichait Mme Quillard. Elle venait de se capter un aller et retour qui lui avait grippé le moral.

Bitove me saisit par le col et m'assena ce pourquoi, entre autres dispositions, on le nommait Bitove :

« Pom pom pom pom ! »

Des séries de quatre marrons symphoniques dans la gueule. Pom pom pom pom ! Une chance que ce fût Bitoven : avec Wagner, il me tuait à la première mesure !

« Bitove ! Bitove ! Laisse-le ! » criaillait Mme Quillard, qui mettait un point d'honneur à veiller sur ma santé.

Il lui répondit de fermer sa gueule de pute et de se préparer à rendre des comptes. C'était un type d'une virilité évidente. Il avait des bras comme mes cuisses. En haut du bras, à la courbure de l'épaule, c'était écrit « Mort ! ». Suivait, en colonne justifiée à gauche, et par ordre alphabétique, une liste de personnes que Bitove vouait à une fin prématurée, n'excluant pas de mettre lui-même la main à la pâte, pour hâter. Je lus, en pagaille et pour me distraire des brutalités que je subissais, qu'il en voulait tout particulièrement à la vie des flics, des percepteurs, des députés, des curés, des enculés de ta mère, des foireux de la douane, des couilles molles travaillant aux Ponts et chaussées, des bites en mâche-gomme, des guichetiers de la sécu, des vendeurs de cravates à la sauvette, des conseillers généraux, des garagistes, des chanteurs de charme, et d'une manière générale à la vie de tous ceux qui par leurs choix politiques, sociaux, métaphysiques s'étaient, pour l'ignoble motif alimentaire, commis dans la faiblesse irrémissible d'accepter un destin peu recommandable de victimes.

« Pom pom pom pom !

— Tu vas le tuer, Bitove ! Bitove, je t'en supplie, pas chez moi ! Pas chez moi !

— Ton gros cul ne perd rien pour attendre ! grasseya la brute.

— Pas chez moi !

— Pom pom pom pom !

— Tu pourrais au moins sortir, merde, Bitove ! T'es dégueulasse, à la fin ! »

J'ai pensé qu'elle se mettait dans les ennuis, Mme Quillard. Une femme de rangement. L'éponge à la main dès qu'une ombre se déplace sur la moquette. Me voir en passe de pisser le sang, de souiller les alentours, de perpétrer l'irréparable en me vidant d'une tache indélébile sur ce paillasson sans ampleur, lui sciait les nerfs, la basculait dans un délire de révolution. Elle ne mâcha pas ses mots :

« Assez ! Assez ! »

La sommation se perdit dans la cervelle du tatoué, comme dans les méandres d'une administration militaire. Réaction logique, Bitove allongea Mme Quillard d'une quadruple manchette, pom pom pom pom, recta. La dame tomba et roula, le cul par-dessus la tête, et c'était bien car elle ne portait ni culotte ni cagoule. Bitove la traita de salope, avec grand mépris. Je ne jugeai pas le moment favorable à une réplique un peu cinglante de ma part. J'aurais voulu au moins émettre un doute : « Salope, salope ! C'est ce que vous dites, monsieur ! Parce que vous êtes fâché ! Mais, eh, eh ! c'est un mot qui dépasse toujours la réalité ! Salope ? Ah, salope ! Salope. Salope ! Euh… hein ? » Ce sont des problèmes qui se discutent, entre hommes.

Comme s'il lisait dans mes pensées, il m'a remandalé. Et il a remandalé Mme Quillard. Toujours en lui distribuant du salope et du salope de merde et du salope ! Elle ne mouftait pas. J'avais le tableau. Je lui voyais le chat, entier. C'était un beau chat. Il n'y manquait que la queue, comme disait je ne me souviens plus quel humoriste de l'époque classique. Un chat noir. Mais noir foncé. Qui laissait passer un tout petit bout de langue rose. Bitove m'a soulevé. Il m'a tiré le froc sur les chevilles. Pom pom pom pom, à chaque geste, une manie pénible. Moi, dans le cirage. N'en menant ni long ni large. Ne me protégeant même plus d'un doigt. Ne signalant même plus la douleur par le cri adéquat. Les fouettes ! J'avais les fouettes ! Une raclée, on sait où ça commence, mais si le bourreau a la rage en lui, personne ne peut dire dans quel état ça peut se terminer pour celui qui se trouve à la réception.

« Pom pom pom pom ! Tu brilles moins, hidalgo ! »

Il me tenait par la peau des reins. Avec mes bourrelets, les prises ne manquent pas. Me transporta au-dessus de Mme Quillard. Me lâcha sur elle, comme un paquet.

« Lime-la, maintenant ! Du moins, essaie ! »

Bien sûr, à coups de pied : pom pom pom pom dans le cul, le saligaud ! Les secousses me cassaient le dos, me cognaient le bassin contre celui de Mme Quillard. Bitove fulminait. Il gueulait : « La salope ! Allez, mets-y-en ! Bourre-la ! » Et il éclatait d'un rire de cochon qui bouffe ses petits !

« Des comme elle, je renverse une poubelle, il en tombe cinquante ! Salope ! Pom pom pom pom ! Il te fait du bien, maintenant, ton impuissant ! T'as vu, la quéquette ! C'est quoi, ça, madame, du douze ? Du dix ? C'est mou comme de la chique ! Même pas, parce que la chique, ça durcit en séchant ! Pourtant, ça voulait se la glisser au chaud comme un prétentieux de ta mère, se la glisser au chaud ! Au chaud, se la glisser ! Tu veux que Bitove te dise ce que t'es ? Un clafoutis, mec. T'es un clafoutis. Un clafoutis. Pour être franc, je ne voudrais même pas de toi comme merde ! Tu vois, y a pas de doute, t'es un clafoutis, une clafoute, une claffe, cent fois moins qu'une cliffe ! Même pas du jus de cliffe ! D'ailleurs, des mecs comme toi, on n'a même jamais pu les écrire en toutes lettres ! Baise-la ! Étale ta science ! Qu'on rigole ! »

Il cognait sec, le salopard. Gueulait en proportion. Je ne

l'écoutais que d'une oreille. De me retrouver aussi près de Lamoule, malgré le drame qui couvait au-dessus de ma tête, je ne pouvais retenir une érection qui toute seule découvrit le chemin de la vérité, chaude et humide comme une serre, que je recherchais depuis douze interminables années de privations. Je m'étendais en elle, raide et dilaté. Sans bouger. Elle m'avait senti, car elle contractait autour de moi des muscles que la nudité la plus extrême n'avait jamais exposés à la lumière du jour ni à la curiosité des amants les plus gynécologiques. Sur ses lèvres, j'ai déchiffré un sourire léger comme de l'air flottant sur de l'air immobile. Pendant que Bitove se moquait cruellement, mais sans finesse, et passait sa colère sur moi, comment aurait-il pu croire que chaque coup de pied dont il me frappait le cul m'enfonçait un peu mieux dans le chat ardent de Mme Quillard. Il m'a qualifié de porc répugnant et ma partenaire de truie nauséabonde. Il eut plusieurs fois recours à ces locutions, ce qui le rendait fastidieux comme une rediffusion à la télé. S'il aspirait à me torturer, il se trompait. Ses coups de pied m'épargnaient les reins : j'allais et venais d'un membre solide dans le corps de Mme Quillard, et ce sans m'épuiser, en toute économie. À force, car le prétendu supplice dura, Lamoule accéda aux sphères de la béatitude sexuelle. Sa figure était comme coagulée dans un détachement végétal ou minéral, diplomatique. Mais son sexe développait des vagues de convulsions, de contractions, de spasmes, qui la resserraient autour de moi avec une violence de pétrissage. Bitove m'engageait à profiter de la situation. Il m'invitait à coïter. Et riait. Quel innocent ! Sans rien en laisser paraître, Mme Quillard jouissait à flots denses. Privilège de la vie intérieure. Je pus jouir simultanément, comme dans les romans. Ce fut bouleversant de hauteur, de longueur et de largeur. Bitove s'était servi une canette de bière, qu'il décapsulait entre ses dents. Il me cracha la capsule dessus. Il me reprit par la peau des reins, me jeta sur la moquette, me retourna à coups de savate :

« Il ne bande même pas ! Avec quoi tu voulais la contenter, la fiancée de Bitove ? T'es mou comme une glaire ! »

Loin de me sentir terrorisé par ce gros nubuque, je me disais en moi-même : « Cause, cause, cause, moi j'ai pris ma part ! » J'entendais à côté la respiration paisible de Mme Quillard. Elle respirait en femme à qui il ne manque plus rien pour être heureuse. C'est beau, je dis, moi, une femme jouie.

En moins d'un quart d'heure, Bitove avait vidé les douze canettes de bière que Mme Quillard avait tout spécialement achetées à son attention, comme je l'appris lorsqu'il la félicita de n'avoir pas oublié le nom de sa marque préférée. Elle ne fut pas sensible au fait d'être citée au tableau d'honneur, et ne bougea pas d'un cil. De la façon dont les brutalités m'avaient placé, j'avais vue sur le site de Mme Quillard, et je ne me plaignais pas. Dieu est bon, quand on y songe. Il a tous les pouvoirs, parmi lesquels celui de nous rendre aveugles instantanément. Et dans des moments comme celui-là, où tout ce que j'avais envie de voir se laissait regarder, Dieu dans son infinie bonté ne m'ôtait pas la vue. Sans cesser de me repaître de ce spectacle, j'adressai au Créateur l'expression de ma gratitude.

D'un pouce se fourbissant le double menton, Bitove, sur l'air des comptines, faisait des bisse, bisse à la moque, en direction de Lamoule, que cela ne défroidissait pas.

« Bisse, bisse à la moque, elle n'a rien eu ! Bisse, bisse, elle a tout perdu ! Bisse, bisse, rien pour son fendu ! Rien pour son touffu ! Rien pour son cramu ! Bisse, bisse à la moque ! »

Il partit en claquant la porte si fort qu'un trousseau de clefs se dépendit du crochet ventousé sur la glace du couloir. Au fond de moi, j'étais comme fou. Frénétique, ressentant encore des restes de plaisir, des bouts d'épilogues, un genre de matière à dénouement prospère. Tout compte fait, j'allais vers des recommencements. Mme Quillard laissait mûrir en elle ces feux qui naissent spontanément à l'arrière-plan de la volupté et que, dans leur précipitation à se rhabiller ou à reprendre leurs céladonneries, la plupart des amants gaspillent sans le savoir.

Elle s'était distribuée à de nombreux hommes, j'imagine. À des mâles. À des bêtes, comme j'avais pu en juger avec Bitove. Mais pas un n'était parvenu à la hisser à un tel niveau. Elle réalisait enfin que le mot orgasme a un sens, et un technicien. De cette approximation, j'avais fait une femme.

Sa cuisse bougea, et le site fut dérobé à ma contemplation.

Mme Quillard s'assit. Puis elle fut debout avant même que j'aie pu remarquer qu'elle se levait.

« C'était bon, alors, hein ?

— Ta gueule ! laissa-t-elle tomber.

— L'orgasme ! L'orgasme ! Tu te souviens de l'orgasme, au moins ? »

Elle évita tout de même de me marcher dessus. Elle poussa la porte de la salle de bains, et je l'entendis qui pissait.

« Je te préviens, Plonque, dit-elle à travers la porte, si jamais Bitove me quitte, j'aurai bien des choses à rapporter à Camina !

— Tu ne peux pas m'en vouloir d'avoir fait de toi une femme jouie ! me défendis-je.

— J'ai horreur de mélanger les plaisirs, Plonque ! prévint-elle en réapparaissant dans le couloir. Je m'étais faite à l'idée de m'éclater avec Bitove, pas avec toi !

— En tant que femme jouie par mes soins, tu n'as pas le droit de me traiter de cette façon.

— Gros con !

— Attention, pas de dérapage lexical ! »

Elle haussait les épaules, balançait la tête en soufflant son agacement, elle visita ce qu'on pouvait voir des fenêtres de la cuisine et des fenêtres de la salle à manger, c'est-à-dire des coins de la cour, les poubelles, un robinet.

« Tu l'as vu, Bitove ? Cent quarante-cinq kilos de béton vibré ! Deux mètres zéro cinq d'altitude au niveau du carrelage, merde, le morceau, pas moins ! Le morceau ! La pièce de collection ! D'un seul coup de langue, il régale toutes mes zones érogènes, d'un seul coup, je te dis ! C'est un mec, il a le doigt comme une bite et la bite comme un progrès de la science. Quand il bande, il ne sait jamais où s'arrêter. Il ne s'arrête d'ailleurs pas. C'est pour ça qu'on est toutes à sa disposition. Qu'on paierait pour. Qu'on paie, même. Si ! Ce membre, c'est pas sur le marché des primeurs qu'on en trouve un pareil !

— Faut contenir aussi, hein, quand c'est vraiment trop excessif ! On a quelquefois vu la montagne accoucher d'une souris, mais une souris se faire sauter par un éléphant, c'est plus rare.

— Ta gueule, Plonque ! Bitove, tu ne le connais pas ! Un mec qui a broyé trois dents à Calouche Berchouin, ça c'est Bitove ! Qui a pété Lerouge Armand, le garagiste pusillanime d'après le pont, et qui lui a fait avaler trois litres d'huile de vidange, avec la limaille et le joint de carter ! Qui a démonté pièce à pièce un légionnaire qui se bourrait au Picon-vin blanc chez le Gus, qu'est mort maintenant le Gus, parce que ce connard de képi avait osé porter la main sur Mignonne allons voir, l'aînée du Gus, pas vierge, non, mais que le père destinait exclusivement à une clientèle de civils ! Je peux citer le Mimile Derbecke, le gros Konrad, tu connais le gros Konrad ? Le gros Konrad, un trou comme ça dans la panse et les couilles en purée d'un seul coup de genou ! Bitove, on est toutes folles de lui ! C'est bien simple, moi j'en rêve depuis cinq ans, depuis qu'ils l'ont sorti de prison. J'ai manœuvré pour qu'il accepte de passer une soirée chez moi. Manœuvré comme une dingue ! À tourner nubuque ! Il m'avait à la bonne. Je me faisais un plaisir, et il a fallu que tu ramènes tes outils de réforme, pauvre con de merde de Plonque ! Qu'est-ce que je deviens, là-dedans ! »

Elle achevait dans le pathétique. Elle s'était écroulée sur le canapé de la salle à manger, je l'avais suivie, j'avais pris le pouf, en face d'elle.

« T'es qu'un gros con, Plonque ! Je comprends Camina ! Je la comprends ! »

Il fallait qu'elle vide son sac. Qu'elle use sa rage. Elle ne s'est pas montrée accorte avec moi.

Quand j'ai senti qu'elle fatiguait, que le gros des reproches s'éloignait, j'ai pris ma voix sérieuse et j'ai dit :

« Tout de même, grâce à moi, tu as eu quelque chose, c'est mieux que rien, et c'est grâce à moi !

— Tais-toi ! » me lança-t-elle. C'était déjà plus liant que « Ta gueule ! ».

« Tu l'as eu, l'orgasme ! ai-je insisté, moelleusement.

— Quoi, quoi, quoi, l'orgasme ?

— T'as joui !

— Quoi, quoi, quoi, t'as joui ?

— Dis pas le contraire ! Sois honnête ! Abonne-toi une minute à la vérité ! Une femme véritablement jouie ne ment pas !

— Elle est bien bonne ! Je n'y comprends rien, à ton charabia ! T'en rajoutes ! T'en remets ! Stop, Plonque, tu me fais suifer l'ornière ! T'entends ?

— Y a pas de honte à être une femme jouie ! J'en connais qui s'en vanteraient dans le journal ! Je t'ai fait du bon ! Je t'ai fait du bon !

— Comment ça, du bon ? Qu'est-ce que ça veut dire, du bon ?

— La jouisse ! T'as eu la jouisse ! Le pompon ! La jouisse, tu piges ? Sois sincère ! Je t'ai fait quelque chose... Dis ! Dis-le ! Sois loyale ! C'était bien ?

— Je ne dis pas.

— C'était bon alors ?

— Ouais, pas mauvais ! Y avait de l'idée !

— Tu vois. T'es une femme jouie. Tu n'oublieras jamais. Jamais ! Je t'ai donné trop de plaisir.

— Ça ne remplace pas.

— Je me demande...

— Ah, Bitove, c'est la jouissance cosmique, Plonque ! Il faut savoir que c'est un mec, il a toutes les nanas qu'il veut ! Il ouvre la braguette, il claque des doigts et c'est à celle qui va courir le plus vite pour s'empaffer sur lui. Quand une femme s'enfile sur un type comme lui, elle intègre la classe des privilégiées, des grandes de ce monde, des femmes d'exception !

— Oh ! Oh ! Oh !

— Si, monsieur ! Le nombre de chanteuses qui se goinfreraient de Bitove, t'imagines même pas ! Des dix et des cents ! Des mille ! Une ruée ! Une nuée ! Et crois-moi, une disque d'or, ça ne se contente pas de la glandée pour cotillon rural ! Des émotions, elles ont usé les plus fortes : dans ces métiers-là, on se blase facile. Une fois qu'elles se sont secouées avec les sensations les plus bourrues, à la scène comme à la ville, qu'elles ont vraiment émoussé tous les vices, même les plus pires, les mieux sales, que rien ne leur fait plus rien, elles ont encore Bitove : il leur rend le goût de la vie. C'est un mec, il redonne un sens à la femme. Il la touche en profondeur. C'est même pas la question d'être jouie ou de ne pas être jouie, l'important c'est surtout d'être choisie par lui, d'être élue ! Je ne dis pas : y a de l'orgueil, peut-être, dans la démarche. Mais la jouissance des femmes, c'est moitié sexe, moitié orgueil, il faut se tenir au courant, les hommes ! »

Cependant, elle s'égouttait vers moi. Je recevais des larmes. Elle ne revendiquait plus. Désormais, s'apitoyait sur son sort. L'heure tournait.

« De toute façon, il ne t'aimait pas, Bitove, dis-je, jamais à court de consolations.

— C'est pas pour l'amour !

— Il en faut un peu, je crois. Le sentiment embellit la relation.

— Le vrai plaisir se passe de sentiment, Plonque. C'est pas à un obsédé comme toi que je vais l'apprendre. Bitove, ce qui aurait été bien avec lui c'est qu'il m'aurait grimpée pour me rendre folle de plaisir ! Qu'il m'aurait brisé la carcasse entre ses pognes hyper-puissantes ! C'est un homme qui ne pose pas les questions que posent les autres hommes, ces cons : "Tu me sens bien ? Je te fais du bien ? Tu trouves qu'elle est grosse ? Qu'elle te défonce comme il faut ?" Des conneries ! Bitove, lui, il s'en fiche ! Il est comme un train sur des rails ! En plus, il ne doute pas de lui : il en a une grosse, il ne s'inquiète pas, et il s'en sert comme un artilleur d'un canon de soixante-quinze !

— Soixante-quinze, ça fait gros !

— Soixante-quinze, pas moins ! »

Depuis un moment, elle avait le ton notoirement affaissé de la nostalgie.

« Jamais Bitove s'abaisserait à demander à une femme qu'il vient de compléter : "Tu m'aimes ?" Pourtant, après l'accouplement tous les hommes posent cette question. D'accord ?

— Je manque d'expériences récentes.

— D'accord ?

— Oui. C'est par connivence, aussi. Et par gentillesse. Également par bonne éducation.

— Par connerie, Plonque. Par faiblesse. Par petitesse. Des cons ! Tous des cons ! Tu m'ahimes ? Dis-moa que tu m'ahimes ? Des cons.

— Il ne faut pas généraliser non plus.

— Des cons, tous ! Et j'en ai connu. Je m'en suis pris, Plonque, plus qu'un moteur de camion n'a pris de coups de piston avant la vidange des cent mille. Des types de tous les âges, de tous les milieux, de tous les métiers, de toutes les couleurs, tous, les cons, m'ont demandé si je les aimais ! Tous ! Pas un seul n'a songé que j'en avais rien à faire ! Que les déclarations d'amour et les grandes assurances, c'est tout juste bon pour les dépressives ! Moi, j'en rêvais, de Bitove ! Enfin, un mâle qui me baiserait pour me baiser, qui m'en foutrait pour m'en foutre, un grossier, une bête, un virulent ! Je m'en fichais d'être éparpillée aux quatre coins de la pièce après un coup comme celui-là ! D'être disloquée !

D'avoir une jambe dans le vide-ordures, un bras dans le frigo, la tête dans le chiotte, d'avoir explosé, de retomber par terre et sur les meubles comme de la poussière ! Même d'en mourir ne me faisait ni chaud ni froid ! C'est dire que je voulais en tâter, de ce régime !

— Dans la vie, on se remet de tout, même des déceptions comme celle-là.

— Tu ne comprends pas, Plonque : pour moi, ce soir c'était l'année de la comète ! »

Petit à petit, elle s'abîmait dans le délire bilieux. Elle s'accusait de n'avoir pas été à la hauteur de la situation. Pourtant, elle s'y connaissait en maîtrise des hommes. Elle m'informa de bien des anecdotes, qui ne me firent sourire que par solidarité — et aussi pour la flatter, car j'estimais que cela la disposerait favorablement à mon égard.

Elle se critiquait amèrement. Témoignait à charge contre elle-même. Stigmatisait toute sa pauvre vie.

« Il ne faut pas se dénigrer ! m'écriai-je.

— J'ai raté la chance de ma vie. J'ai de bonnes raisons de me dénigrer.

— Eh bien, moi je vais te renigrer ! Tout ce que tu dénigreras en toi, je le renigrerai !

— Merci, Plonque, mais je ne mérite pas autant de prévenances. »

Comme elle en était à cet endroit du chagrin où l'on commence à voir l'avenir sous un jour délivré de toute tentation artistique, elle ajouta dans un soupir :

« Je finirai comme ménagère de cinquante ans ! »

Et elle se fit pleurer à chaudes larmes sur cette perspective effroyable.

Trois heures du matin sonnaient dans un air qui, d'assez loin, naturellement, sentait déjà l'aurore. J'enjambais la vieille, dans l'autre sens. La pile s'épuisait. Le rond de lumière ne menaçait plus beaucoup l'ombre. D'ailleurs, l'éclairage de la rue l'effaçait presque totalement du plafond. Dans les pièces du bas, les beaux-frères et les belles-sœurs gueulaient comme à l'asile. Il avait encore dû se passer des choses. Genre psychodrame.

Avant de m'en aller, j'avais entendu Maurice protester avec une véhémence de sourdingue :

« On ne peut pas parler de la schizophrénie comme des hémorroïdes, Bernard ! La schizophrénie, c'est dans la tête ! C'est une maladie noble !

— Tu m'as mal compris, Maurice, disait Bernard. Je parle de la souffrance. Quand on souffre on souffre. La souffrance est la souffrance.

— T'as parlé des hémorroïdes, je m'excuse.

— Oui. Pour dire que la souffrance, c'est la souffrance, Maurice !

— La schizophrénie, hurlait Maurice, c'est dans la tête, merde, Bernard ! Dans la tête ! Dans la tête !

— Je ne te parle pas de la tête, Maurice ! Je te parle de la souffrance !

— Pour moi, la schizophrénie c'est une maladie de la grande intelligence, tu vois ! Chez les écrivains, les cinéastes, les peintres, et même chez les psychiatres, y a du schizophrène. C'est d'ailleurs ce qui fait le prix de notre souffrance.

— Moi je dis que souffrir de schizophrénie ou souffrir de…

— Attention, Bernard, pas d'amalgame ! Pas d'amalgame ! Surtout pas d'amalgame !

— J'ai le droit de dire aussi, moi, parce que je suis aussi schizophrène que toi, Maurice, tu le sais bien, aussi schizophrène, malgré que je sois plus jeune, mais comme j'ai aussi des hémorroïdes, j'estime que je suis bien placé pour comparer. Et pour affirmer que souffrir c'est souffrir !

— Tu calomnies notre problème, Bernard ! C'est dur pour moi d'entendre ce que tu dis. D'une certaine façon, c'est comme si tu blasphémais la mémoire de Beignet, qui était le plus schizophrène de nous tous.

— C'est vrai qu'il nous a montré le chemin, reconnut Bernard.

— Ce que j'essaie de te dire, Bernard, c'est qu'il y a des choses qu'on n'a pas le droit de dire. Et qu'il n'est pas de notre intérêt de dire. Des gens comme nous doivent s'en tenir à la schizophrénie.

— Tu as sans doute raison.

— D'accord pour admettre que l'angoisse s'attaque aux organes de la digestion : la gorge nouée, la boule à l'estomac, le mal aux boyaux. Mais pas au-delà ! Jamais au-delà ! Surtout pas l'organe de l'excrétion ! oh, non !

— C'est du plus mauvais effet, je m'en rends compte ! Et vulgaire.

— Et vulgaire !

— Ridicule aussi.

— Et ridicule, Bernard, oui.

— N'empêche que quand je m'assois, j'ai l'impression d'avoir la tête qui éclate.

— Bien. Toujours la tête, Bernard ! Nous ne devons jamais penser à autre chose qu'à notre tête ! »

La discussion avait dégénéré durant mon absence, probablement. Malgré la férule de Camina. Personne n'avait envie d'aller se coucher. Il était encore question de la tête, maladie de la tête, le cerveau, de références célèbres, des savants, des hommes politiques, des saints, des couturiers, enfin des gens et des métiers avec lesquels les hémorroïdes ne s'harmonisent pas. Je m'endormis, bercé par ces bourdonnements infatigables, que déchiraient de temps à autre une explosion indignée ou un cri de douleur.

Quand j'ouvris les yeux, ils cernaient le lit, et ce n'était pas un rêve. La vieille me montrait du doigt. Camina allongeait sa figure des jours méchants, l'œil d'adjudant sous la paupière du sournois, la dent au bord des lèvres.

« Je l'ai vu ! Je ne suis pas folle ! Je me réveillais ! J'avais toute ma tête !

— On te croit, maman, assura Maurice, qui n'aimait pas entendre sa mère affirmer qu'elle avait toute sa tête.

— Quand je l'ai vu, il n'était pas paralysé. Pas du tout. J'étais bien reposée, j'avais passé une nuit vraiment bien reposante, c'était pas la berlue, mes enfants : il bougeait.

— Je l'ai toujours dit, pesta Camina.

— Qu'est-ce qu'il faisait ? interrogea Bernard.

— Je ne sais pas si je dois tout dire, hésitait la vieille.

— Vas-y, maman, on est entre nous ! » ordonna Camina.

La vieille se baissa en avant, en appuyant ses mains sur le pied du lit. Toutes les têtes perdirent un peu de hauteur. Les oreilles se tendaient.

« Il se touchait. Je n'en dis pas plus. Vous me comprenez. »

Ils ne comprenaient pas. Les mines s'étiraient, les yeux montaient dans les sourcils, les bouches béaient. La curiosité les faisait respirer à l'unisson.

« Précise, si tu veux bien, maman, gronda Camina, qui voulait être sûre.

— C'est délicat.

— Maman ! Il en va de la santé de mon mari !

— Ton mari, ton mari !

— Il fait partie de la famille ! Jusqu'à nouvel ordre.

— Bon. Je ne sais pas comment dire ? D'un sens, il se touchait la bite. D'un sens. Oui. »

C'était une nouvelle sensationnelle, car ils reculaient tous d'un pas, en claquant des dents, en chuchotant des réprobations, en relevant le front.

« Ça ne m'étonne pas de lui, déclara Camina en prenant un air dégoûté.

— Il se…, demanda Bernard avec un mouvement coulissant de la main droite.

— Je n'ai pas dit ça, démentit la vieille.

— Pardon, maman, j'avais compris de travers.

— Il se grattait ! décréta Camina.

— Non plus ! rouspéta la vieille. Il ne se grattait pas ! Moi j'appelle pas ça se gratter. C'est pas se gratter qu'il faisait.

— Alors quoi ? » s'inquiétait Maurice.

La vieille ménageait sans doute ses effets. Elle se tirait des doigts, en tracassant ses articulations, des bruits agaçants de percussion.

« À mon avis, il se la tapait, laissa-t-elle glisser de sa bouche avec un filet de voix minuscule.

— Qu'est-ce que tu racontes, maman ? s'insurgeait Camina qui déteste ce genre de sujet, quand il me concerne.

— Il se la tapait. Il se tapait dessus avec la main. La main bien ouverte. Sur la bite.

— C'est hallucinant, maman, une affaire pareille et la façon que tu la racontes ! Ça ne tient pas debout.

— Je témoigne, ma fille, bougonna l'autre. Tu feras ce que tu voudras de mon témoignage. Tiens, dans la vie, on en dit toujours trop. Une preuve de plus !

— Ne te fâche pas, maman, on cause !

— Et pendant ce temps, le téléachat défile sans moi.

— On t'écoute, maman.

— Oui, on t'écoute, maman ! reprirent les autres.

— Comment dire : il tapotait ! Voilà, il tapotait. Il tapotait sur sa bite. En rigolant.

— Il rigolait dans son sommeil ?

— Pas qu'un peu ! Pour rigoler il rigolait ! Il se tapotait la bite et il rigolait. Il se tapotait, tu sais, Camina, comme on tapote l'encolure d'un cheval qu'on veut récompenser d'avoir bien couru ! Et il rigolait. Il avait l'air content.

— Tu me sidères, maman !

— Il n'est donc pas aussi paralysé qu'il en a l'air.

— Je m'en doute.

— C'est rassurant, si on veut.

— Si on veut », opina Camina avec un haut-le-cœur.

Ils débattirent de mon sort. Le docteur Pételle fut de nouveau appelé à mon chevet. Il ne jugeait pas utile de m'amputer de quoi que ce soit, malgré l'insistante sollicitation de Camina : « Ça nous le sauverait peut-être, docteur. »

Il m'examinait avec des grimaces de boucher, me palpait les jambes, les bras, me reniflait le cou, mais ne découvrait rien en moi qui aurait pu nuire à ma santé.

« Une oreille, docteur ?

— Ses oreilles ne lui font aucun tort pour l'instant, madame.

— Mais enfin, il est comme un bout de bois, il y a sûrement quelque chose à faire !

— On n'opère pas un bout de bois. Et puis, pour tout vous dire, madame, le Conseil de l'ordre m'a assez fortement suggéré de mettre un terme à mes activités chirurgicales.

— Nous connaissons les risques, docteur. Mais vous ne pouvez pas nous laisser dans l'embarras. Coupez-lui quelque chose. Seulement pour nous rassurer. Pour nous donner le sentiment que nous avons tout fait, et même tenté l'impossible. Vous savez, on ne déposerait pas plainte si vous nous le perdiez, docteur. On veut même bien vous signer un papier, tout de suite. Pour parer à toute éventualité. »

Ils le saoulèrent, comme la fois précédente. Mais il demeura inflexible. Il prononça même le mot déontologie, qui paraît être le dernier mot de bien des professionnels, dans la médecine, dans le journalisme et dans la grande distribution.

Ils ne l'avaient pas saoulé sans assortir leur soif à la sienne. Ma chambre de malade évoluait vers la salle de bal, ambiance noces et banquets. Les réjouissances se prolongeant, des crampes montaient dans mes jambes. Je voyais le moment où j'allais devoir me livrer à un genre de guérison miraculeuse. M'asseoir sur le lit. Pousser des cris de gratitude en clignant des yeux vers la voûte céleste. Me jeter, les lèvres en avant, sur le premier crucifix venu. Retrouver de vieux credo en latin, reliquat d'années de catéchisme, de messes obligatoires, de travaux sanctifiants. Je me détendis d'un orteil, aussi sournoisement que possible. Camina allait et venait dans les étages, alimentait son monde en casiers de bière et en saucisses à chien.

« Il finira par bouger, pronostiquait le docteur, optimiste.

— Vous ne le connaissez pas, reprenait Camina, d'un air suffisant.

— Il a bougé ! Je l'ai vu ! » assurait la vieille que l'alcool rendait hirsute.

Quand ils furent tous complètement calcinés par l'ivresse, Camina les entraîna un étage plus bas, leur demandant de me ramasser au passage et de me descendre dans la promenette :

« Attention de pas lui poquer la gueule sur le crépi !

— On ne le poque pas ! De toute façon, il ne sentirait rien ! Il peut rien sentir !

— Détrompez-vous, disait le docteur, la paralysie flasque ne rend pas le corps insensible. Au contraire. C'est le type même de malade que la moindre variation de température peut faire souffrir comme d'un écorçage à vif du tronc. Une piqûre d'aiguille, dans le lobe de l'oreille, et c'est comme un vilebrequin s'enfonçant dans sa cloison interventriculaire. Je ne plaisante pas. C'est une situation terrible. Un rien les habille de souffrance, comme disait mon maître le bon docteur Béchu. Ah, la paralysie flasque !

— Tiens, tiens », murmura Camina sur le ton qu'elle utilise d'habitude pour dire : c'est bon à savoir, ça.

Elle me rangea dans l'entrée, au milieu du courant d'air, un endroit réputé pour son inclémence, au carrefour de la porte de la maison, de la porte du garage, de la porte de la cuisine et de la porte de la salle à manger. Elle m'agaça l'épaule, puis dans les côtes, à l'aide d'une aiguille. C'était sournois et bas. Sa respiration, qui changeait, m'indiquait qu'elle se délectait de ce qu'elle espérait m'avoir fait souffrir en me piquant. Puis elle s'accroupit en se tenant des deux mains sur le devant de la promenette :

« Écoute-moi bien, pourri de pourri de pourri de feignant, tes caprices me dégoûtent. Il y a du travail dans la maison. La lessive s'entasse. La salle de séjour n'a pas été balayée depuis une semaine. Je ne lèverai pas le petit doigt, tu es prévenu : les tâches ménagères sont de ton autorité, la maison peut se remplir de vermine, je m'en fiche. Le jour où j'en aurai marre, je retournerai chez ma mère. Ou je m'installerai chez de feu mon frère Beignet. Ou chez un de mes frères et sœurs encore vivants. J'ai le choix. Je sais que tu simules la paralysie flasque. Je le sais. Je le sais. Pauvre loque ! »

Elle ne manquait pas d'habileté dans l'extériorisation de la haine. Bien qu'elle ignorât jusqu'à l'existence d'un vocabulaire un peu poétique, je la trouvais shakespearienne. Elle me crachait à la figure. Son haleine me brûlait la face, comme des bouffées s'échappant d'un feu de poubelle. C'était géant, comme on dit, à défaut d'être grandiose.

La fête commencée avec le docteur Pételle ne s'acheva que le surlendemain, en fin de matinée, quand tout le monde eut accumulé assez de fatigue pour sombrer dans le coma, comme lestés de kilos de plomb. Camina avait cédé la première, après avoir déjà plusieurs fois mordu la poussière d'une petite somnolence. C'était une dormeuse de fond. Le déficit de sommeil pouvait la rendre enragée.

Attablés en compagnie du docteur, Maurice et Bernard avaient longuement envisagé des remèdes chirurgicaux à leur mal existentiel. Et le docteur, qui n'était qu'à moitié fou, ne leur parlait que de sectionner le cordon ombilical.

« La folie vient du nombril ! professait-il.

— La folie peut-être, admettait Maurice.

— La folie et la dépression ! précisait le docteur.

— Je vous arrête, docteur ! La dépression, c'est dans la tête ! Le siège de la dépression, c'est là-dedans ! Là-dedans ! Pour la folie, je veux bien que les choses se passent au niveau du nombril ! Mais dépression n'est pas folie ! Folie n'est pas dépression. Folie est folie, dépression est dépression. Est-ce clair ?

— On ne va pas jouer sur les mots. Ils se valent tous. Folie, dépression, la tête, le nombril, c'est du pareil au même, je dirais même mieux : c'est du kif au kif !

— C'est pas du kif au kif, docteur ! Moi je suis déprimé ; vous, vous êtes fou.

— Vous mettez trop d'énergie à expliquer que vous êtes en pleine dépression pour ne pas être plutôt en pleine folie ! Le cordon ! Vous êtes un empêtré du cordon !

— Si maman entendait ça, docteur ! éclata Maurice.

— Remarque, commença Bernard, le nombril c'est plus loin de la tête que des hémorroïdes. Je veux dire que…

— La tête ! maintenait Maurice en se frappant les tempes à coups de poing.

— Le cordon ! soutenait le docteur en abattant sa paume sur la table.

— Moi je dis qu'il y a des souffrances qui sont pires que la dépression ! » plaidait Bernard en se dandinant sur son siège pour vérifier qu'il ne grimaçait pas par simple coquetterie.

Ils dormaient, empilés, docteur et malades mêlés, comme des animaux dans une cage trop petite. En haut de l'escalier, la vieille gueulait qu'on vienne la chercher. Déjà qu'elle avait raté le téléachat.

« Je veux rentrer chez moi ! Je veux qu'on me ramène ! »

On l'entendait bien. En plus, elle balançait des machins dans les marches, des pots de fleurs, des bassines, des cadres avec photos, afin de mieux signaler sa présence.

Emportée par son élan, elle dévala la pente, rebondissant jusqu'à mes pieds, se cassant de nombreux os, hypothéquant sa vieillesse. À peine si elle avait la force d'appeler au secours. Elle levait vers moi des yeux qui suppliaient. La paralysie flasque m'interdisait d'esquisser le geste qui sauve. Elle m'en avait fait voir la vieille, donnant raison à son gros chausson avachi de fille, me traitant comme un nubuque, moins qu'un nubuque, quantité négligeable, à jeter, à marcher dedans. C'était une formule à elle : « Ton mari, ça devient une grosse chose. Il donne envie de marcher dedans ! » Elles riaient, comme chaque fois que l'une ou l'autre parlait et ne le disait pas pour rire.

À mon avis, le col du fémur avait morflé. Les deux peut-être. C'était cassé plus bas aussi. Et plus haut, du côté de l'épaule. Le bras droit avait l'air de vouloir passer à gauche, le devant derrière. L'omoplate lui battait les côtes. À se tordre. Comme grande blessée, elle prêtait le flanc à l'ironie, dans son peignoir Muhammad Ali. Elle était du chaos.

Camina, qui n'avait pas bu, affleura la première d'une

oreille à la surface de son sommeil. Les gémissements de la vieille attirèrent le traînaillement de ses savates vers le couloir. Maman, que s'est-il passé, t'as mal où, ne bouge pas, j'appelle l'ambulance, ne bouge pas, j'appelle le docteur, qu'est-ce qui s'est passé, ne dis rien, ne te fatigue pas, garde tes forces, voilà le docteur, tu vas recevoir les premiers soins, elle pérorait partout à la fois, fichait des coups de pied dans les dormeurs, manipulait férocement le téléphone, venait aux nouvelles près de la blessée, me jetait des regards de tigre.

« Là, il y a à couper ! annonça le docteur Pételle en aplatissant d'une main ses ébouriffements capillaires.

— L'ambulance arrive, précisa Camina, qui craignait que le docteur mît sa menace à exécution.

— Elle est mal en point. Je vous le dis. Elle n'a plus un os d'un seul tenant, cette dame, maintenant.

— Ne parlez pas de malheur !

— Voyez-vous, ce qui est mauvais, c'est que c'est une personne grasse. Si ça se trouve, elle nous fait une hémorragie interne et on n'y voit que dalle !

Chez les gros, l'os est souvent trop court pour traverser la chair, la graisse et la peau. Le gras amortit tout, ce qui vient de l'extérieur comme ce qui vient de l'intérieur. Tenez, si l'artère fémorale a été sectionnée par ce qui semble bien, au pif, être une fracture du fémur, eh bien, là-dedans c'est déjà rempli de sang mort, et ça coule toujours.

Je dis ça, c'est parce qu'elle est fort pâle, votre maman. Comme quelqu'un qui se vide. Et si elle ne se vide pas dehors, elle se vide dedans. Pour se rendre compte, il faudrait ouvrir, couper, trancher dans le vif.

— Tu te sens comment, maman ? s'inquiéta Camina.

— Comme cinq minutes avant ma mort, se lamenta la vieille.

— Elle est optimiste, tant mieux, dit le docteur, en se frottant les mains. Dans ce qu'elle a, ce qui compte c'est d'avoir un bon moral.

— Ça va aller, maman. »

Le quatuor à cordes pour se pendre apparut en quatre fois d'un couple à chaque fois : le déprimé au bras de sa dépression. Ils étaient misérables, à vomir, les yeux sur les joues, la bouche collée de bave sèche, encore saouls comme des abeilles décollant d'un champ de bétoine, pas encore en état de souffrir de ce qu'ils voyaient. Le docteur Pételle leur adressait des petits mouvements des doigts en ciseaux, qu'ils ne déchiffraient pas. Je pouffais, discrètement.

Ils s'étaient plantés autour du corps, raides et immobiles comme du marbre. Camina baissait la tête. Elle se ravisa et, d'un coup de pied dans la promenette, elle m'envoya cogner contre le mur.

Ce fut Solange qui, la première, tordit sa grosse bouche pour pleurer. Les autres la suivirent dans l'expression du chagrin, y allant de confiance, sans éprouver encore ce pourquoi il fallait mouiller d'une larme le présent et le passé immédiat. Habitués qu'ils étaient à se plaindre ensemble, depuis le temps que la mélancolie les rongeait, ils savaient harmoniser leurs jérémiades. Sans prétendre aux fastes de l'opéra, leur chant se proportionnait de lui-même et développait des thèmes d'une actualité cuisante, car en ces temps de guerres, de désastre social, d'épidémies, de deuil, jamais le chagrin ne paraît le moins du monde déplacé.

Maurice tomba sur les genoux en criant maman, maman, ne me quitte pas, on a besoin de toi, nous sommes tes enfants, nous t'aimons, c'était pathétique comme du Schumann, *allegro affetuoso*, très en dessous de ce que Maurice pouvait produire de pire, mais tout de même d'un bon niveau d'éloquence filiale.

« Ne la touchez pas, Maurice ! avertit le docteur. N'allez pas aggraver ses blessures. »

Maman, la plus belle du monde ! sanglotait Maurice. Maman, la plus belle du monde, reprenaient les autres. La solennité empesait l'air. On se serait cru à la messe. Le docteur faisait toujours fonctionner ses doigts en ciseaux.

« On coupe ! On coupe ! trompetait-il.

— L'ambulance arrive, maman ! disait Camina qui marchait du couloir à la cuisine, de la cuisine au jardin, qui guettait à la fenêtre et à la porte, secouait ses frères, me bousculait.

— On coupe ! On coupe ! » continuait le docteur.

Les dabots n'entendaient rien aux allusions de Pételle. Le docteur voulait signifier, sans excès de raffinement, que la vieille mourrait bientôt et qu'ainsi se trouverait automatiquement coupé le cordon.

« Arrêtez de les taquiner, docteur », pria Camina.

Mais le docteur n'avait qu'une idée à la fois et il tenait à l'amortir dans les délais les plus brefs. La vieille se sentait partir. Elle réclamait un prêtre, et comme elle n'avait plus le sens de la mesure, elle aurait voulu que ce fût le pape.

« Ou monseigneur Lustiger ! C'est si joli, un cardinal ! Appelez-moi Jean-Paul ! J'ai du mal à dire de sur moi.

— Elle demande à se confesser ! frissonna Camina.

— Elle va manquer de temps, dit le docteur en regardant sa montre.

— J'ai du mal à dire de sur moi », gémit encore la vieille, avant de s'affaisser dans un soupir.

Camina avait composé le numéro de la paroisse.

« En curés de par ici, je ne m'y connais pas des masses ! reconnut-elle.

— Prenez l'abbé Lechat, il a couché avec ma belle-sœur, l'épouse du professeur Hermel, cardiologue. L'abbé a fait tous les ratages du mari. Pour l'extrême-onction, il n'y en a pas deux comme lui.

— Il est vraiment bon ? demanda Camina.

— Il vous graisse le sujet comme si c'était le froyon en personne !

— Le froyon ?

— C'est un échauffement consécutif au frottement d'une cuisse sur l'autre, à l'intérieur, et assez haut, dans des parages délicats. Pour adoucir la brûlure, on la fourbit avec une tranche de lard gras. Il est recommandé de prolonger le mouvement curatif jusque dans les plis et dans la raie, où ça s'échauffe aussi, surtout l'été, vu la transpiration. Vous n'avez jamais eu le froyon ?

— Moi, je l'ai eu ! dit Bernard.

— À chaque fois, commenta Maurice, en larmes, qu'il y a un mal régional, c'est pour Bernard. Cette contrée du corps, il aime. S'il doit souffrir, il faut qu'il souffre dans ces coins-là. Le froyon, maintenant !

— Qu'est-ce que j'y peux, moi ? pleurnicha Bernard.

— Tu n'as aucune dignité, Bernard. Tu ne mérites pas d'être dépressif. »

Camina reprit les choses en main.

« Docteur, si vous me le conseillez…

— Pour les baptêmes, les mariages, je ne vous le recommanderais pas. Ce curé-là, il n'y a que le noir qui lui aille bien. Mais pour un mourant, c'est l'homme de la situation.

— Maman ne va pas mourir, docteur !

— Je ne me permettrais pas d'inquiéter la famille. Appelez l'abbé Lechat. Dites que je vous envoie. Il sera content. Il aime bien ce genre de boulot.

— Je l'appelle.

— Avec lui, ce sera la "suprême" onction ! Il ne regarde pas à l'huile sainte. Il arrive sur le chantier avec le litre. Ah oui ! Ses confrères l'ont surnommé père Oint-Oint, tellement il oint. Une fois qu'il sera passé, votre mère, elle aura tout l'air d'une frite.

— Oh !

— Pour se présenter devant Dieu, on n'en fait jamais assez !

— Vous avez raison, docteur. Mais il est prématuré de parler de Dieu, peut-être.

— Vous avez raison. Je n'inquiète pas les familles, c'est ma règle ! Tout va bien ! Rien à signaler ! »

Sur ces entrefaites, les infirmiers investirent les lieux, en produisant des bruits d'urgence.

« C'est vous qui avez fait ça ? » interrogea l'infirmier avec une sécheresse de médecin, en fixant le docteur droit dans les yeux.

Pételle agita ses mains devant lui, comme des marottes. Camina exposa que sa mère était tombée dans l'escalier.

« Toute seule, en balançant des pots de fleurs ! Elle a toujours été impatiente ! Toujours pressée ! Rien n'allait jamais assez vite.

— Elle sera heureuse aux urgences, murmura le docteur Pételle.

— Il me semble que je vous ai déjà vue, vous, dit l'infirmier en examinant Camina de près.

— On en sort, de l'hôpital. À cause de mon mari, précisa-t-elle en me désignant d'un coup de menton.

— Qu'est-ce qu'il a ?

— Paralysie flasque, spécifia le docteur.

— Rien, dit Camina.

— Il a mauvaise mine », dit l'infirmier en poussant le chariot vers la porte.

En moins d'une minute, ils avaient tous vidé l'endroit, se répartissant dans l'ambulance et dans la camionnette, par groupes d'inégale importance.

Avant de refermer la porte j'entendis que quelqu'un s'inquiétait de mon cas :

« On le laisse sans surveillance ?

— Au point où il en est, lança Camina, plus rien ne peut lui faire de mal ! »

Les goinfres n'avaient pas laissé grand-chose à manger et à boire. Heureusement, j'avais mes cachettes : des litres de goutte. Pas de la vacherie. Pas du tout fruits. Pas de la banane du Périgord distillée en mélange avec des kiwis des Vosges. Même pas de la balosse. Non, du rare. Du fin. De la noberte, une prune en voie de disparition, que des ivrognes un peu raffinés ont sauvée. Dont moi. Quatre arbres dans le jardin. Ma consommation. Pas question de déboucher un flacon devant les fenêtres ouvertes : le quartier embaumerait le plein été pendant trois jours. Le monde s'agglutinerait autour de la maison. Je serais obligé de partager ce produit de la victoire de l'intelligence humaine sur la bêtise de la technocratie agricole. Ma seule consolation, au reste. D'après le bouilleur de cru, on n'est pas trois en ville à avoir conservé au frais le goût de la noberte. C'est vrai que l'homme moderne se poivre plus volontiers au whisky. Il y a des avantages, notamment qu'on en trouve partout. Et que ça s'achète. Le contraire de la noberte, qu'on ne trouve nulle part, et qui ne se vend pas.

C'est à la cave, dans le fin fond, entre des murettes de brique, dans un recoin introuvable, sous du noir profond défendu par les armées des araignées et d'autres bêtes féroces que j'avale le breuvage miraculeux, tout le verger dans la gorge, avec une odeur mûrissante d'herbe, des effluves capiteux de chair au soleil, une douceur de lumière traversant des pluies lasses, longtemps après les orages, sous ces chaleurs un peu acides des fins d'après-midi, à l'heure des voluptés naturelles, des hautes amitiés qui parlent autour des verres, les têtes bourdonnant de vie, buvant ce bonheur moins cueilli que créé. Voilà qui me dédommage de bien des préjudices.

En ma qualité de paralytique flasque, je n'ai pas voulu abuser de l'eau-de-vie. Les grands malades doivent savoir se tenir. Comme le répétait Maurice à ses frères et à ses sœurs : « Il faut être digne de la maladie. La maladie, c'est notre petite patrie. » Dans ses périodes énervées, il se tambourinait la poitrine et, raide comme un garde-à-vous, il affirmait « Je suis fier d'être malade ! », comme d'autres prétendent être fiers d'être français.

À y réfléchir à deux fois, il n'avait pas tort, attendu qu'en tout état de cause c'est une marque lucide de modestie d'être fier de ce qu'on est, quand on n'est que ce qu'on est et qu'il n'y a aucun espoir qu'on s'en détache un jour, même dans longtemps, pour s'élever un peu au-dessus de nous-mêmes. C'est également le signe qu'on a échangé les bonheurs de quelques vieilles illusions contre les rigoureuses satisfactions de l'objectivité. Et du vrai contentement de soi, enfin.

Je pouvais donc être fier d'être gros. De conquérir des kilos, comme Napoléon, malgré sa petite taille et ses origines insulaires, avait conquis des pays et presque des continents.

Quand je revis le jour, la sonnette de l'entrée faisait vibrer le désert enclos de la maison. La porte s'ouvrit avant que j'eusse eu le temps de me renfoncer à plein derrière dans la promenette. Je me trouvai nez à nez avec le croque-mort qui n'aurait pas été contre d'en mettre un petit coup à Solange, femme à grosse bouche.

« Vous allez mieux... », dit-il sans que je sache s'il me posait la question ou s'il constatait ce qu'il constatait.

Je fis tout de même celui qui tirait la patte.

« Mieux, c'est vite dit...

— Je vois bien.

— Je ne vais mieux que par crises, vous savez. »

Il n'avait pas changé de tenue. Il était croque-mort de la casquette aux chaussures. C'était une nature piteuse. Il parlait, mais j'avais l'impression qu'il avait les lèvres gercées, qu'il devait pondre chaque mot et que chaque mot était d'un volume et d'un poids qui le rendaient impondable.

« Je m'excuse », dit-il on ne peut plus brièvement.

Ce qu'il ne confirma pas en ôtant sa casquette, comme se serait empressé de le faire quelqu'un d'authentiquement sincère.

« Vous devez être étonné de ma présence..., murmura-t-il en baissant la tête.

— Pas plus que de certaines choses dont parlent les journaux. »

Je me suis rassis dans la promenette. Cet instrument de transport me donnait un genre, voire me conférait une forme d'originalité. À même d'impressionner le quidam.

« Je surveille votre maison depuis l'enterrement de M. Beignet Rachot.

— Vous me semblez être un drôle de moineau, dis-je, afin de faire valoir de vagues rudiments ornithologiques.

— En fait, à l'enterrement que vous savez, mon collègue a attiré mon attention sur une personne qui se trouvait à la cérémonie funèbre, et dont je sais maintenant qu'elle est votre belle-sœur. Elle s'appelle Solange. Vous voyez ?

— Que voulez-vous que je voie ?

— J'aime ce genre de femme à grosse bouche. C'est mon idéal féminin. Les petites brunes, comme ça, râblées, avec la poitrine qui donne. Avec tout le devant de la figure occupé par la bouche. Oui, de la bouche, comme ça, qui a l'air gonflée comme une bouée, c'est ma folie, pardon ! Une bouée ! Je ne suis pourtant pas fils de maître nageur. Peut-être dans mes ancêtres.

— Si vous remontez jusqu'au déluge.

— Bien sûr, bien sûr ! Il faut se donner de la marge.

— C'est dans les marges qu'on se noie ! » lui assenai-je en guise de conclusion provisoire.

La noberte rendait son jus, ses watts, résonnait musette. Les idées les plus saugrenues me valsaient dans la cafetière. Mme Quillard, particulièrement.

« Je me reparalyse, dis-je.

— Comment ? Comment ? Comment ? s'affolait le croque.

— Ça va. C'est juste un tout petit morceau de moi-même, qui se reparalyse.

— Si je peux vous venir en aide…

— Pas vous.

— Je peux vous masser la partie malade.

— Pas vous, j'ai dit. »

Il se proposait. Il parlait de serviettes fraîches, d'essence de lavande, de liqueur d'orties. Il jouait déjà les aspirants beaux-frères. Quasi. Je devinais la flatterie, le service intéressé, la gentillesse cupide. Au début, ils sont tous comme ça, quand ils cherchent la sœur. C'est une race, l'aspirant beau-frère. Qui m'avait compté parmi ses membres. Au temps où je croyais en Camina.

Ce devait être l'amour absolu, car j'avais fait acte d'allégeance à Maurice et à Bernard, ces cons de leur père, et à Bernadette et à Solange, ces connes de leur mère. Le contrôleur des trains ne s'était pas encore composté au fusil de chasse. La vieille n'était pas encore vieille. Mais, à l'exception de Camina, qui après tout ne devait pas être du même père, qui sait ? peut-être est-ce ce que la vieille avait demandé à confesser tout à l'heure, lorsqu'elle réclamait un prêtre pour « lui dire du mal de sur elle », il n'y aurait rien d'étonnant. Donc à l'exception de Camina, les frères, les sœurs, les parents entretenaient déjà chacun un grain, pas des plus insignifiants, non, le grain, la bête de mahousse de grain, des « siphonnés » on appelait des gens pareils à l'époque. Tiens, c'est vrai qu'on n'emploie plus le mot « siphonné » pour désigner les cinglés de leur mère, mais, bon, quel que soit le mot, le détraquement demeure.

« Je peux trouver un moyen de vous introduire auprès de ma belle-sœur. Solange. Je veux dire : un moyen qui soit compatible avec la paralysie flasque.

— J'aime Solange, dit-il en se grattant entre les rigoles inguinales.

— Je n'en doute pas. Si vous le voulez, je veux bien devenir votre conseiller en la matière…

— Ce qui consisterait en quoi ?

— Du conseil. Fourniture d'atouts. D'informations confidentielles. Secrets familiaux. Confidences utiles. Biographie de la personne concernée. Avec développement de l'appréciation psychologique, révélations astrologiques, analyse numérologique. Date des règles. C'est important aussi, la date des règles.

— Je pense bien ! Tout est important quand on aime.

— Pour vous prouver ma bonne foi, voilà une indication qui vous étonnera : Solange est vierge.

— Non ?

— Elle est vierge.

— Ce que vous dites me bouleverse, monsieur Plonque. J'en ai la gorge nouée.

— Je me doutais que vous ne seriez pas insensible à ce petit tuyau. »

Comme il ne coûte que de la salive et de l'air à l'homme de promettre, je laissai entrevoir à l'employé des pompes tout un avenir de sentiments traversés de stupre avec la femme à grosse bouche. Je ne lui cachai pas que ma belle-sœur pataugeait dans le marasme dépressionnaire et qu'elle avait beaucoup de malheurs à raconter, ce qui peut se révéler éprouvant pour les nerfs d'un sujet imparfaitement libéré de cette infatuation qui, avec le rire, le précédant même un peu, est le propre de l'homme.

« Il vous faudra être patient. C'est une famille où ils éprouvent tous le besoin de parler d'eux.

— Moi, c'est sa bouche ! En contrepartie de sa bouche, je suis prêt à tout accepter ! Quelle femme ! Quelle bouche ! » fondait le croque en froissant à pleines pognes les devants de son veston.

Depuis l'enterrement de Beignet, il n'avait quitté la rue que le temps d'accompagner professionnellement des convois funéraires au cimetière. Il se nourrissait de pains aux raisins et de pâtés à la viande, qu'il achetait à la boulangerie Gradouffe, le pire de ce qu'on peut imaginer dans le monde extrême de la boulange contemporaine.

« Le pain, lui recommandai-je en passant, mieux vaut le prendre à la camionnette de la boulangerie Buchat. Gradouffe, c'est de l'industriel. Du radioactif. Du chimique. La mie et le cancer dans la même croûte. Je ne plaisante pas. Même ma femme, Camina, vous la connaissez, une dure, une charogne, et qui n'aime personne, et qui se fout pas mal que je crève, eh bien, elle préférerait me voir manger de la mort-aux-rats plutôt qu'un croissant de chez Gradouffe.

— Vous me faites peur.

— Ça se trouve, le pain de supermarché est moins préjudiciable à la santé que celui de Gradouffe. D'ailleurs, c'est une boulangerie qui a déjà des morts à son actif. Plus d'un. Comme bien des boulangeries, vous me direz. Je dirai : d'accord, comme bien des boulangeries. Mais pas au point de s'être vu attribuer par la rumeur publique toute une extension du cimetière municipal, baptisée, à juste raison : le carré Gradouffe.

— Le carré Gradouffe !

— En tant que professionnel de la chose, vous devriez être au courant !

— Le carré Gradouffe, c'est pourtant vrai ! Je n'avais pas fait le rapprochement. Gradouffe, Gradouffe, ça sonne un peu comme Attila. Un nom connu !

— Vous voyez… »

Nous fîmes assez vite alliance. Jouant franc-jeu, je le mis dans le secret diplomatique de ma paralysie flasque.

« Ce qui serait agréable, ce serait que vous me poussiez dans la promenette jusqu'à chez Mme Quillard.

— Les escaliers ?

— Je vous aiderai à me porter. Le tout, c'est que personne ne découvre la nature véritablement sarcastique de mon handicap.

— En échange, vous me donnez Solange pour de bon, répétait le croque.

— Vous voulez que je vous signe un papier ?

— Non ! Non, monsieur Plonque ! Mais comme je vois que vous n'êtes pas à une près, je me pose la question de savoir si vous n'êtes pas en train de m'en fourrer une à moi aussi…

— Nous, c'est pas pareil, nous sommes liés par une solidarité d'intérêt. Vous voulez Solange, je veux Mme Quillard. Vous avez besoin de moi pour avoir Solange, j'ai besoin de vous pour avoir Mme Quillard.

— Je croyais que vous l'aviez eue, Mme Quillard. Ou alors j'aurais mal entendu ?

— Je l'ai eue. Mais sous la menace. Et dans la sournoiserie. Je l'ai eue, mais sans la posséder et sans qu'elle l'ait souhaité à vive et intelligible voix. Les circonstances ont fait que je me suis retrouvé en elle, comme par hasard, avec quasiment un canon de soixante-quinze pointé dans les reins. Ce qui s'est produit, c'est l'érection du pendu. La peur. Pareil pour Mme Quillard.

— J'ai du mal à comprendre, monsieur Plonque.

— C'est difficile à expliquer aussi. Nous évoluons dans le domaine de l'indicible. Bref, il faut que je recouche avec Mme Quillard, en toute liberté, sans pression extérieure, comme des amants qui se choisissent comme ils choisissent le moment du baiser, le moment de la caresse, le moment de la chatouille amoureuse, le moment du frottement échauffant, le moment de la friction terrible, le moment digital, le doigt sur les lèvres, les lèvres sur les lèvres, et tous les autres moments, tous formidables pris séparément, mais tous composant un moment transcendantal, cosmique presque, sans doute un peu métaphysique aussi, qui sait ?

— Moi je dirais la même chose en ce qui concerne Solange. En reprenant peut-être deux fois de sa bouche.

— Reprenez ! Reprenez-en ! Reprenez de Solange ! Reprenez de la bouche ! Reprenez de la langue !

— Une si grosse bouche doit abriter une grande langue !

— Monstrueuse ! Une de ces langues qui hantent les fosses marines, longue et dodue, hérissée de papilles, avec une pointe qui s'écrase comme une fraise mûre et qui se reconstitue en pointe avant de s'écraser de nouveau comme une fraise mûre et de se reconstituer en pointe.

— Vous avez expérimenté ?

— Simple observation ! »

Ensuite, rassuré, docile comme un homme épris, il poussa, porta, secoua la promenette et son paralytique flasque jusqu'à la porte de Mme Quillard.

Mme Quillard pleurait encore la perte de Bitove. Ce chagrin immense l'affaiblissait aussi bien mentalement que physiquement. Elle n'eut pas la force de s'opposer à ma volonté ni à la promenette que le croque poussait avec détermination, comme je le lui avais recommandé avant notre départ.

Dès que la porte fut refermée, un bond me jeta contre Lamoule. Je l'entourais de mes bras et de toute mon affection, la couvrant de baisers. Je lui clabaudais autour du visage des mots vivement affectueux. Ma langue lécha le sel à peine séché de ses larmes.

« Que se passe-t-il ? Où suis-je ? répétait-elle en faisant valoir le blanc de ses yeux.

— C'est moi ! Plonque ! Et je viens pour t'aimer !

— Quel jour sommes-nous ?

— Nous sommes le grand jour.

— Mais lequel ?

— Nous allons jouir ensemble. Tu me rends fou de désir. C'est le plus grand jour de toute l'histoire de l'humanité.

— Bitove est de retour, alors ? »

Cette évocation de mon rival crispa ma douce offensive. La jalousie me cravatait étroitement la gorge.

« Tu l'oublieras, dis-je. Et je me frottai contre elle avec une vulgarité particulièrement décidée.

— Jamais.

— Tu n'y penses déjà plus.

— À qui je pense alors ?

— À moi.

— Toi, en tant qu'homme, tu me laisses aussi sèche qu'une biscotte.

— Tu ne disais pas ça l'autre nuit…

— Un moment d'égarement, Plonque. Même pas : Bitove était là. C'est avec lui que j'éprouvais ce que j'éprouvais. Pas avec toi. Je m'en serais voulu. T'as rien. »

Toutefois, elle ne battait pas en retraite devant mes caresses. Au contraire, y prêtait le flanc et d'autres morceaux de son anatomie. Elle ne se décourageait pas encore de parler de Bitove. Je crois qu'elle avait bu. Elle n'avait pas dormi. Elle s'appuyait contre le fauteuil, face à la fenêtre, le ventre tendu vers moi.

« Tu n'es pas Bitove, tu n'es pas Bitove ! psalmodiait-elle.

— Je m'appelle Plonque, dis-je assez nerveusement.

— Tu ne pourras que me violer, Plonque ! Je ne te permettrai rien de plus.

— Si. Parce que tu m'aimes.

— Je t'aimerai si tu trouves un moyen de mettre Bitove dans mon lit ! »

Elle se tourna, trébucha dans une de ses chaussures qui traînait. Elle tournait sur elle-même, tombait sur le canapé, se relevait, les yeux fermés, les bras étendus. Mais téléguidée par des astres bienveillants, elle ne renversait pas un bibelot, pas un vase, ne déplaçait pas un cadre sur le mur, ne heurtait pas une plante verte, ni le guéridon, ni le lampadaire, ni le porte-revues en osier.

Sans se départir d'une mine lugubre, le croque-mort s'était installé entre le buffet et la télévision, dans un espace réduit. Il était hagard. La bave aux lèvres. Il claquait des dents. Tremblait.

Il faut dire que Mme Quillard n'avait rien à cacher. Chacun de ses mouvements dévoilait une partie de son corps. Ses chutes, cul par-dessus tête, la dépliaient en toute intimité, sous l'œil saignant du croque-mort.

« Elle est saoule », expliquais-je d'un mouvement circulaire de la main en cornet autour de mon appendice nasal.

Ce n'était pas fait pour le rassurer. Il se tassait plus dru contre la tapisserie, dont le motif déclinait plusieurs spécialités à base de fruits de mer.

Mme Quillard continuait son cirque obscène, sans cesser de me vilipender, mais plus moelleusement à mesure qu'elle épuisait sa réserve de remontrances.

« Elle vous plairait ? lançais-je au croque qui devenait transparent comme un verre sale.

— Non, non, moi c'est la grosse bouche ! Mais je ne dis pas que ça ne me fait rien. Un peu, que ça me fait. Un peu. C'est comme de voir les cercueils ouverts, ça me fait toujours quelque chose.

— Ne mêlez pas la mort à mes amours, s'il vous plaît.

— Je mêle rien avec rien ! Je dis quand même que ça m'excite, de voir. Parce que ça me fait penser à ce que Solange me montrera et qu'elle cache derrière sa grosse bouche. Vous croyez qu'elle est bonne, Solange ?

— Jusqu'à maintenant, elle a toujours plutôt été bonne pour la camisole.

— C'est mon fantasme, vous savez.

— Quoi ?

— Faire l'amour avec la grosse bouche de Solange en camisole à capuche dans un cercueil ouvert. »

Même dans les magazines les plus faisandés, jamais je n'ai rencontré une idée aussi torve. Il avait la panse tellement emplie de braises qu'il ne pensait plus qu'à des engagements aux limites du répréhensible. Il talonnait la plinthe, au bas du mur. Ruait.

Personnellement, j'étais pour qu'il réalise son fantasme sur Solange. Sanglée dans une camisole à capuche qui ne laisserait apparaître que la grosse bouche. Étendues dans un beau cercueil, une couche de Solange, une couche de croque-mort. L'image m'agréait, intensément.

Ces projets faramineux firent dresser l'oreille de Mme Quillard. Elle s'effondra sur le divan, les paumes collées aux joues, la tête dans les épaules, comme en attente d'un bombardement.

« Qu'est-ce qu'il a dit ? » demanda-t-elle d'une voix altérée.

Je fis signe au croque-mort d'approcher et de répondre à cette question de pleine angoisse. Dans l'extrême promiscuité de la femme, il perdait ses moyens, devenait timide et rougissant, se grattait machinalement à des endroits sans malice.

« Dites-lui ! Dites-lui ! Quoi, il n'y a pas de honte ! Mme Quillard s'intéresse à la sexualité humaine ! Allez-y ! Ne vous laissez pas impressionner ! »

Il obtempéra, sans y mettre le zèle qu'on attendait de lui.

« Vous l'avez déjà fait ? interrogea encore Lamoule.

— Jusqu'à maintenant, il me manquait la grosse bouche.

— Vous n'avez pas essayé avec des bouches moins idéales ?

— Je suis de la race des tout ou rien.

— Pas de demi-mesure. J'aime ces hommes entiers ! »

Brusquement, elle semblait lui attacher un prix exorbitant. Plus que ce que les femmes accordent généralement de considération à ces concierges de l'éternité.

« Voyez-vous, Plonque, si vous preniez des initiatives aussi originales, peut-être que mon attirance pour vous se ferait plus implacable.

— Il suffirait de me le demander, madame Quillard, m'inclinai-je.

— Ce croque me rappelle vaguement Bitove, savez-vous ?

— Rien à voir ! me fâchai-je.

— Pas par la taille, pas par l'allure, pas par l'épaisseur, non, non, non, non ! Par ce quelque chose de singulier, de saugrenu, de puissamment décalé par rapport aux pratiques ordinaires. »

Vraiment elle s'extasiait dans la facilité. Le croque battait des paupières, souriait avec cette ombre de stupidité qui frappe les visages qui ne savent pas exprimer la concentration sans manifester aussi qu'ils ont bien du mal à suivre les propos qu'on tient devant eux.

« Comment trouvez-vous ma bouche ? » demanda Lamoule, à brûle-pourpoint.

Le croque ne s'en ressentait que pour Solange. Lamoule eut beau produire un bec trapu, musclé, apte à exécuter bien des partitions autrement injouables. Elle eut beau y faire s'entremettre l'extrême de la langue. Sous sa casquette, l'autre demeura impavide.

« J'aime surtout les grosses bouches molles », finit-il par articuler.

Mme Quillard ravala son objet, elle montra les dents dans un semblant de sourire, et se tournant vers moi qui prenais mon air le plus faraud :

« À part croque, je ne vois pas à quelle profession il aurait pu prétendre. C'est une nigauderie, ce type ! »

Pour moi, c'était excellent. Les femmes aiment le plus souvent par dépit. Elles se jettent dans les bras de qui les veut bien pour se consoler, mal, de n'avoir pas été accueillies dans les bras de qui elles brûlaient d'aimer. Les hommes ne font pas mieux. On aime donc plutôt par défaut. D'après ce que j'en sais, qui ne prétend pas à la vérité.

Adroitement, j'offris mon épaule, mon torse, mon lard, galant jusqu'au dernier gramme, résolu, par fervente humanité, à faire donner les violons et les guitares. Je la voulais de l'âme au sexe. Et qu'elle m'aime. Qu'elle me supplie. Qu'elle m'ordonne d'entrer en elle.

À reculons, le croque-mort avait rejoint l'emplacement qu'il s'était précédemment choisi, entre le poste de télévision et le buffet. Il gémissait : « Hou ! Hou ! Hou ! » sur un rythme bousculé qui n'était pas sans m'évoquer le bruit de Chita dans les films de Tarzan.

Mme Quillard posa la tête contre moi. Par l'échancrure de ma chemise, son oreille entrait en contact avec ma peau. Je prononçai quelques paroles assez belles. Pour moi, cela ne présentait aucun attrait de détailler des phrases de roman-photo, des formules caressantes, et tout ce boniment sur la durée de l'éternité, la fusion des cœurs, l'exclusivité des corps, mais bien manigancée cette harangue vaut les yeux bleus, la musculature, le bronzage du maître nageur par qui les femmes qui savent nager rêvent d'être sauvées. Bien gouverné, le sentiment est tout de même le chemin le plus court pour aller de ce qu'on veut avoir à ce qu'on a eu.

Tout en agitant force concepts d'une élévation avérée, j'insinuai ma main droite entre la taille de la jupe et la taille de la culotte, puis entre la taille de la culotte et la taille de Mme Quillard, atteignant du bout de mon doigt le plus long le bouillonnement de la toison pubienne. Lamoule se cala plus confortablement contre moi. Elle eut un râle de créature qui en redemande. Puis elle exprima le premier d'une série de ronflements grotesques. Elle dormait. Le croque-mort agitait les bras, en frappant celui de ses poignets qu'on pouvait imaginer ceint d'une montre.

La vieille mourut dans l'après-midi, à l'hôpital, donnant raison au docteur Pételle. Ce fut le croque-mort qui m'apprit la nouvelle. Après m'avoir déposé à la maison, dans le couloir, là où ma belle-famille m'avait abandonné, il avait téléphoné à sa pompe pour connaître le programme des enterrements en préparation.

« J'ai cru comprendre que vous ne vous entendiez pas comme larrons en foire avec les membres de la famille de votre femme… », commença-t-il.

Et, signe que l'instant lui semblait incalculable, il ôta sa casquette.

Je me fis moins flasque et pensai moins fort à Mme Quillard qui en écrasait comme des pieds bourguignons dans un pressoir de la région.

« Votre belle-mère a été rappelée dans la maison du Père… »

La formule tombait comme un pli de pantalon sur une chaussure cirée. Le croque précisa le jour et l'heure de l'enterrement. Je ne retins ni l'un ni l'autre, tout au chagrin que je n'éprouvais pas.

« Je serai de la cérémonie, comme la dernière fois », crut-il heureux d'ajouter, sans doute pour m'assurer que je ne serais pas seul dans l'épreuve.

Camina avait fait transférer la dépouille mortelle au domicile de l'intéressée, là où ils avaient déjà veillé Beignet et où l'air s'était ainsi fait à l'idée de la mort.

Le croque s'appelait Alban Pitaine. Il avait décliné son identité dans le téléphone. Toutefois, à première vue, ce patronyme paraissait au-dessus de ses moyens. Et je m'en étonnai sans vergogne.

« Comme ça, vous vous appelez Alban Pitaine !

— Et encore, c'est un diminutif, dit-il en claquant des talons.

— Un diminutif ?

— En réalité, je m'appelle Édouard Saint-Alban de la Capitainerie.

— Édouard Saint-Alban de la Capitainerie, ça sonne comme les queues en trompette de l'aristocratie !

— Je veux, je veux ! Mais d'après le patron, les noms à rallongeries comme celui-là rappelleraient aux familles éplorées des histoires de vampires et de diables !

— C'est curieux.

— Dans la pompe funèbre, il faut des noms républicains. Et même des noms ordinaires. Des noms qui fassent vraiment commun des mortels. Les gens préfèrent. Ils se donnent l'impression qu'on est solidaires. Alban Pitaine, ce n'est pas encore assez quelconque pour réussir dans le métier. Mon collègue s'appelle Marcel Dupont et il est chef. »

Il me confia encore deux ou trois secrets de polichinelle concernant ses origines, et son attirance pour Solange s'en trouva à mes yeux amplement expliquée.

« Je suis très fin de race ! » chantonna-t-il, levant l'auriculaire en un geste délivré de tout tact. Et il disparut. Par la porte. Sans précautions. Comme un homme qui sort d'une maison qu'il habite depuis vingt ans dans un quartier où il est honorablement connu.

Au moment où la porte reclaquait sur les talons du croque, la sonnerie du téléphone se mit à retentir. Par réflexe, je m'affalai dans la paralysie flasque, avachi au fond de la promenette. Ce pouvait être une feinte de Camina. Elle me soupçonnait d'en prendre à mon aise avec le mal dès qu'elle tournait le dos. Une inspiration tordue l'encourageait sans doute à me pousser à la faute. Elle me savait seul dans la maison. Et prompt, d'habitude, à répondre aux injonctions téléphoniques. Par un surcroît de précautions, et bien que Camina ne pouvait me provoquer que de loin, je m'écroulais encore plus nettement, avec lenteur et moelleux, comme de l'huile roulant dans de l'eau. Je deviens ouateux, plus inconsistant que de la brume, tiédasse comme du jus de pomme dans une véranda, ne respirant plus que du haut des poumons, plus chichement qu'avec une paille.

D'un côté plus optimiste, ce pouvait être aussi Mme Quillard, réveillée en sursaut de son gros sommeil et d'un coup souffrant de ne plus me trouver à son bord. J'hésitais à me prononcer. Camina était capable d'une fourberie téléphonique. C'était un genre de femme dont on devait se méfier en permanence, surtout lorsqu'elle sortait du champ de vision. J'ai laissé sonner cent dix fois, me promettant de décrocher à partir de la cent cinquantième sonnerie. À cent dix, l'autre bout du fil capitula. Ce pouvait être n'importe qui. Je ne m'étais pas décidé.

Aussitôt revenu le silence, je composai le numéro de Mme Quillard. Sa voix pâteuse exhala un allô qui semblait avoir fermenté longtemps.

« C'est vous qui venez de me sonner ? » demandai-je à mi-voix, pour établir immédiatement une sorte de complicité amoureuse.

Elle me traita de naze et affirma qu'elle m'en voudrait désormais à mort de l'avoir fauchée en pleine floraison fantasmatique. Elle dormait profond, et dans ces profondeurs, Bitove était à sa merci, elle l'avait assujetti dans des sentiments flamboyants de bestialité. Elle refusait de croire que mon téléphone avait sonné cent dix fois.

« Mais pour toi, Plonque, je ne le ferais même pas sonner une fois ! » se fâchait-elle.

C'était dur à entendre. Mais ce n'était pas encore le plus insupportable, car Lamoule me raccrocha au nez, et je souffris, éconduit. Moi qui pleure peu, une larme me vint, et dans un moment d'effusion j'eus l'impression de comprendre mes beaux-frères et mes belles-sœurs, leur caractère dépressif, leur tendance suicidaire, leurs problèmes affectifs. Ils avaient dû s'affronter, peut-être, à des misères sentimentales, des rebuffades pénibles, des affronts, des humiliations. Je les comprenais. Sur-le-champ, je les aimai. J'eus des pensées fraternelles. Folles d'amabilité. Je me promis d'être bon avec eux.

Tout à mon exaltation, je n'entendis pas la porte s'ouvrir. Deux gendarmes en képi apparurent dans l'entrée sans me laisser le temps de me refiger dans une posture de paralytique.

« Monsieur Plonque ? » demanda le premier, sur un ton avenant pour un gendarme.

Pris au dépourvu, et en défaut, je ne sus que répondre.

« Vous êtes bien M. Plonque ? » insista le gendarme parleur, tandis que l'autre hochait la tête, en appui tactique de la question de son collègue.

Qu'est-ce que je pouvais répondre qui les aurait satisfaits sans trop hypothéquer mon avenir de malade ? Je fis celui qui peinait à se tenir debout. Je mis de la morosité dans ma figure. De la grimace.

« Vous êtes M. Plonque », dit le gendarme parleur. Le gendarme mimiqueur ouvrit la bouche à la manière des poissons.

J'évitai de leur donner le sentiment que j'étais démasqué. Les yeux plantés au fond des yeux. Dans l'attitude du paralytique en station verticale.

« Nous avons essayé de téléphoner. »

C'était eux. Cela me soulagea de l'apprendre : Mme Quillard m'avait à juste titre envoyé paître.

« Nous avons de fortes raisons de croire que votre beau-frère, M. Bernard Rachot, a trouvé la mort en se jetant sous les roues d'un véhicule de la Gendarmerie nationale. Nous vous présentons nos sincères condoléances. »

L'autre gendarme approuvait. Son collègue jugea utile d'ajouter que c'était triste, que la gendarmerie n'y pouvait rien, mais se certifiait désolée.

« Est-ce que vous pouvez venir reconnaître le corps ? » demanda-t-il en se mettant au garde-à-vous.

Je me tenais raide comme un piquet, les yeux exorbités, les mâchoires serrées, la tête dans les épaules. Avec dans le crâne l'image délicieusement vorace de Mme Quillard. Le gendarme s'inquiétait de ma santé. Il tournait autour de moi. Il me salua et quitta l'endroit à reculons, comme les bêtes du fond des mers. Je n'étais pas mécontent.

Le deuxième gendarme ne m'avait pas à son tour réglementairement salué qu'Alban Pitaine revenait d'avoir pris ses ordres à la pompe.

« Alban Pitaine, employé des pompes funèbres, déclara-t-il au premier gendarme, en élevant deux doigts à hauteur de casquette.

— Repos, murmura le gendarme, car il était obligeant avec tout ce qui portait un uniforme.

— Il se passe du vilain ? demanda le croque.

— M. Plonque se trouvait dans…

— Il est paralysé du corps et muet de la bouche ! Une maladie grave ! Incurable, sauf miracle.

— Pardon, fit le gendarme. J'ignorais.

— On en sait toujours assez pour les métiers qu'on fait », exprima le croque dans un accès de modestie.

Cette remarque judicieuse détendit l'atmosphère. Les képis retournèrent sur leurs pas, avec comme l'intention de s'excuser auprès de moi de l'irruption assez intempestive qu'ils m'avaient fait subir. Ils eurent un sourire.

« Son beau-frère s'est jeté sous les roues d'un véhicule de gendarmerie, reprécisa le pandore.

— Aïe ! fit le croque, qui subodorait pour lui une période prochaine de grand surmenage professionnel.

— Comment cela, aïe ? fit le gendarme.

— Ça meurt beaucoup actuellement dans cette famille, expliqua le croque. La mère a passé l'arme à gauche dans le milieu de l'après-midi.

— C'est pas vrai ! s'étonna le gendarme.

— Comme je vous le dis. Consécutif à une chute dans l'escalier. Elle n'avait plus un os d'un seul tenant.

— À cet âge, ça ne pardonne pas.

— Ça casse comme du verre, les vieux. À cause du calcium. »

Le gendarme eut des paroles humaines. Et joliment roulées. Mais il se cantonnait dans les généralités. Le croque avait son air de croque. Il les reconduisit jusqu'à la grille du jardin, en homme de métier. Ils parlèrent encore longuement tous les trois, entre l'allée en opus incertum d'ardoise et le bitume de la voie publique. Je les entendais. Sans comprendre ce qu'ils se racontaient.

« Le gendarme en chef voudrait l'appartement de votre défunt Bernard, pour son neveu qui vient de se marier ! Je lui ai dit que je vous en parlerais ! On n'a jamais assez de relations dans la police. »

C'était un gentil croque. Il voulait rendre tout le monde heureux. Même les gendarmes. Il obéissait à une sorte de philosophie accorte. Il me tartina une demi-baguette avec du pâté de foie dont il avait fait l'emplette à la charcuterie Massart, fournisseur officiel de la boulangerie Gradouffe.

« Vous l'avez eu chez Massart, ce pâté de foie ? dis-je sans m'offusquer.

— Et le pain vient de chez Gradouffe. Je sais. Je sais. Mais dans l'urgence, il a fallu parer au plus pressé. Quand on a faim, vous savez…

— C'est vrai, quand on a faim…

— Comme disait mon père, qui avait souffert pendant la guerre : quand on a faim, on mangerait de la merde.

— À condition qu'elle ne vienne pas de chez Gradouffe ! » fis-je dans un élan de coquetterie alimentaire qui, à juste titre, inquiéta le croque.

Il reposa son couteau sur le papier sulfurisé, usant du reste de la tranche de pâté comme d'un porte-couteau. Il mettait à déguster cette charcuterie infâme une distinction excessive. Personnellement, j'aime manger comme un porc. Me remplir. Me charger. Je mange en gros. Je n'exècre pas non plus de me salir, de laisser couler la sauce sur mon maillot, d'écraser des morceaux de gélatine sur mon plastron, d'essuyer les graisses sur le haut de mon pantalon.

« Parlez-moi de Solange », demanda-t-il après avoir longtemps suçoté des miettes de pain qu'il s'était coincées entre les dents.

Il se plaçait hors sujet. Ce n'était pas le moment. Je pensais trop à Mme Quillard. Après manger, c'est le meilleur moment pour l'amour. En préparatifs de la sieste ou de la nuit. En soutien digestif. Avec ce bonheur qu'ensuite on dormira, qu'on ne fera plus rien de vulgaire, comme regarder un film à la télé ou aller en commissions à la supérette, comme piétiner la terre du jardin ou lire un roman-photo. Avec donc cette certitude qu'on pourrait en avoir fini de vivre, enfin, et partir sans regret sur la plus brillante des improvisations vivantes.

« J'ai tenu mes engagements. Je vous ai poussé en promenette jusqu'à chez la vôtre !

— Quoi, la vôtre ?

— La vôtre ! Cette Mme Quillard ! Vous avez pu la rencontrer. Grâce à moi. Vous vous êtes rendu compte que je n'avais pas ménagé mes efforts. Je n'en attends pas moins de vous. Parlez-moi de Solange.

— C'est un ordre ?

— Je ne me permettrais pas, monsieur Plonque. Toutefois, je serais vivement déçu si vous ne cédiez pas à mon imploration. »

Il ne me fut pas utile d'y céder. La camionnette stoppait devant la maison. Des portes claquaient. La grille du jardin battit contre le pilier. Je rectifiai la position. Alban Pitaine recula de trois ou quatre pas et se disposa à côté de la porte d'entrée. Maurice apparut, le visage ravagé par les larmes. Solange le suivait, accrochée au pan de sa veste.

Alban Pitaine les accueillit, la paume de la main largement ouverte. Il leur tressa plusieurs longueurs de condoléances. Ils ne s'étonnèrent pas de sa présence dans la maison. Il n'estima pas utile de la justifier. Mais il en savait assez sur l'accident mortel de la vieille et sur le suicide de Bernard, outre qu'il était costumé en employé des pompes funèbres, pour endormir toutes les méfiances et bien des chagrins.

« Ah, vous étiez à l'enterrement de Beignet ! » remarqua seulement Maurice en laissant filer de la morve.

Puis il stoppa sa progression devant moi. Il fronça les sourcils, comme s'il découvrait une grave irrégularité dans la logique des choses :

« Et lui, il est toujours là ! »

Cela ajoutait à sa désolation. Je le compris. Sur le moment. Derrière, le croque eut d'excellentes reparties, pour ma défense :

« Il souffre beaucoup ! La paralysie flasque, c'est le calvaire absolu ! Croyez-moi ! Il faut trente ans pour en faire des morts, de ces malades-là ! Mon métier m'en a fait voir à maintes occasions. C'est une maladie que je ne souhaiterais pas au diable en personne !

— N'empêche... », grogna Maurice, sans préciser son regret.

Chez de feu la vieille, la place manquait pour coucher tout le monde, maintenant qu'on y avait transporté le corps de Bernard.

« Un funérarium ! » s'exclamait Maurice, qui poussait la porte de la salle à manger.

La tête d'Alban Pitaine frappa contre le mur. Solange avait disparu à la suite de son frère, sans un regard vers le croque qui, sous l'attaque d'une émotion intense, était pâle comme de l'albumine et tremblait comme de la gelée.

« La grosse bouche », souffla-t-il, émerveillé, mal remis de son émerveillement, agité de dix doigts échenillant à la hauteur des lèvres.

Il perdait le sens de l'équilibre. Il pliait des genoux. Il se tordait. Son corps se vrillait, littéralement.

« Il me la faut ! » souffla-t-il encore en venant vers moi dans un tangage cérébelleux.

Je lui assurai que cet impératif libidinal serait comblé sous peu.

« Elle ne m'a pas regardé ! se plaignit-il.

— Elle ne vous a pas vu, dis-je.

— Je ne sais pas comment m'y prendre avec elle. C'est ma première vraiment grosse bouche.

— Entrez dans la salle à manger en poussant la promenette devant vous ! C'est une femme qui a besoin d'être frôlée. »

Apercevant la camionnette garée devant la maison, Mme Quillard crut Camina de retour et elle voulut s'enquérir de la bonne santé des uns et des autres. Alban s'était installé à la table, aussi près que possible de Solange dont la tristesse fiévreuse avait fait enfler les lèvres. Ils avaient allumé des bougies, par respect.

« Je peux ? » avait demandé Lamoule, d'une voix neutre, en passant la tête par l'entrebâillement de la porte.

Maurice l'autorisa à pénétrer dans la salle à manger. Solange eut un hoquet : profitant de la pénombre, le croque, par une sorte d'inadvertance feinte, se plaquait de la cuisse et du pied contre elle, sans timidité.

« Camina n'est pas là ? » fit Mme Quillard.

Elle promena son regard sur moi, avec une sévérité qui me navra.

« Il se passe quelque chose ? » demanda-t-elle encore.

Maurice expliqua. En pompant loin en lui des torrents de larmes. Il compensait ce déficit en liquide par de larges rasades de bière.

« Je n'aime même pas ça, crut-il bon de préciser à la ronde, en levant son verre à hauteur du menton.

— C'est vrai que tu n'as jamais aimé la bière, Maurice, mâchonna Solange.

— C'est dire si je ne sais plus ce que je fais. Bernard ne méritait pas de mourir. Il avait des défauts. Je le trouvais même contrariant, dans l'ensemble. Mais c'était notre frère. Il déprimait comme nous. Pas mieux, mais aussi bien. Aussi fort. Il avait su se maintenir au niveau le meilleur. Oui, au niveau le meilleur. »

Mme Quillard écoutait Maurice, comme fascinée par cette parole qui semblait monter du fond d'un tombeau. Autour de cette table à la belge, amarrée par son propre poids de bois massif, les lumières des bougies projetaient sur les murs et au plafond des silhouettes lugubres et le profil de Solange dont la bouche dilatée donnait le sentiment qu'elle allait engloutir la nuit, la maison et tout ce qui se présenterait au bord de son gouffre.

Le croque ne voyait que cette ombre dont les contours ruminaient des éclats orangés, des mouvements où les clartés succédaient à des éclaboussures trop promptes à s'évaporer. Il bavait. Il s'enfonçait dans son fantasme. Je pressentais qu'il manquerait bientôt d'oxygène. De fait, il desserra un peu sa cravate. Puis un peu plus. Puis il déboutonna le col de sa chemise. Il basculait dans l'indignité.

Mme Quillard s'était rapprochée de Maurice. Elle lui tenait la main et le suppliait de ne pas pleurer comme ça.

« Comment voulez-vous que je pleure ? gémissait le beau-frère.

— Pour être soulagé, Maurice, mon bon ami, mon camarade, mon cher. Vous devez pleurer pour être soulagé. Là, en ce moment, vous pleurez pour vous faire mal.

— J'ai mal, en effet. Mais avouez que les circonstances se prêtent à la douleur. »

Elle le plaignait. Elle volait à son secours. Elle lui comptait les doigts. Elle lui compta aussi les cheveux, d'une main.

« Vous me fascinez, Maurice, déclarait-elle.

— Je n'intéresse pas les femmes, se défendit-il.

— Vous êtes comme un grand enfant. Comme un gros bébé. Vous avez du chagrin. Vous me rappelez les Noëls de mon enfance, si tristes, si pauvres, si démunis. Nous pleurions pour ramollir le croûton de pain dur avec lequel nous fêtions la sainte nuit.

— C'est beau, ce que vous dites, madame ! » se pâmait Maurice, avec des poses imbéciles.

Dans un remous de chair concupiscente, elle se pencha vers lui et lui annonça que la vie ne lui avait jamais présenté un homme aussi troublant.

« Jamais.

— Pourtant, des hommes, il y en a ! s'exclama Maurice.

— Des mille et des mille ! Une femme qui soigne un peu son allure et ses manières s'en colle un nouveau aux fesses à chaque pas qu'elle fait dans la rue !

— C'est incroyable !

— L'homme, il imagine qu'il peut les avoir toutes ! Dès qu'il en voit une, il tente sa chance ! Ou il fait mine de tenter sa chance. Parce que, je vous le dis, Maurice, l'homme n'est qu'un vantard de la braguette ! Un pauvre vantard de la braguette !

— Moi, avec les cachets que je prends !

— Avec ou sans cachets, vous devez être fort caressant, vous !

— Je ne sais pas.

— Moi je sais. Vous devez être fort caressant. Je suis une femme qui connaît et qui reconnaît ces choses-là.

— Je ne me rends pas compte.

— Vous êtes tendre. Vous êtes bon. Vous parlez.

— Avec ma santé mentale, je dois parler. Je dois. C'est indispensable. Mon psy me le répète toujours. En expulsant les mots, j'expulse le mal. Comme on crache quand on est pris des poumons. Moi, c'est la tête. La tête, c'est moins figuratif que les poumons. Mais ça s'encrasse autant.

— Avec moi, vous cracherez, Maurice ! Je vous ferai cracher ! » affirma Mme Quillard.

Elle le travaillait au corps et aux sentiments. Le prenait par ses points faibles. Elle l'entretint longuement de ces nuits solitaires, du besoin qu'elle éprouvait d'entendre l'expression de la souffrance humaine, afin de vite voler à son secours.

« C'est dans le rôle de consolatrice que je me sens le plus utile. J'aime que l'homme se confie. Je suis capable de me tenir éveillée jusqu'à l'aube. Je suis douce avec les malheureux. Mes aspirations sont celles d'une femme romantique, voyez-vous. »

Je sentis l'instant où les couples se formeraient et que j'en serais réduit à tenir la chandelle, comme on dit. Maurice partirait au bras de Mme Quillard, Solange et le croque arrangeraient leurs affaires, et moi je sécherais une nouvelle nuit dans une solitude de malade abandonné. Il n'était pas envisageable que je me dresse sur mes mollets pour élever une protestation, pousser un cri de révolte, exiger qu'on ne me prît pas la femme qui depuis si longtemps attisait ma convoitise.

Tout déprimé qu'il se flattât d'être, Maurice ne se désintéressait pas vraiment de la partie où Mme Quillard l'avait engagé. Il multipliait les moues, les signes d'affliction, les sanglots étouffés, mais ne perdait rien de ce que Lamoule investissait pour le convaincre de la suivre.

De l'autre côté des bougies, dans un encore plus vaste vacillement d'ombres, Solange endurait des tourments qui la forçaient parfois à fermer les yeux. Elle était essoufflée et tenait ses mains sous le plateau de la table.

C'est à ce moment-là que Camina apparut et entreprit de remettre de l'ordre dans ce foutoir. Elle reprocha à Solange et à Maurice d'avoir vite oublié leur mère bien-aimée : « Dont la dépouille est encore tiède ! »

Elle poursuivit, sur la même trajectoire dramatique :

« Et Bernard ! Vous ne pensez déjà plus à lui ! »

En chef incontesté, elle les molesta un peu, sauf Mme Quillard qui était son amie. Elle se répandit en vulgarités féroces. Entre deux salves d'injures, elle jetait, sans changer de ton, une information sur l'organisation des inhumations, l'heure des rendez-vous, l'effort consenti par les pompes funèbres qui n'auraient pas tous les jours à enterrer plusieurs membres de la même famille, des détails pratiques à propos de location de voiture et de camionnette et quelques précisions sur l'amabilité des gendarmes.

« Un corps admirable ! » souligna Mme Quillard, en toute liberté de pensée, car vingt ans plus tôt elle-même avait été la providence nocturne d'une brigade, elle en conservait un souvenir gendarmescent.

Puis Camina exprima enfin ce pourquoi elle s'était dérangée jusqu'à la maison.

« Je vais passer la nuit ici. Chez maman, la télé est tombée en panne. Et je ne veux pas manquer l'épisode de *La Pizzeria de l'Amour* demain matin.

— On était tellement dans la peine, murmura Maurice, qu'on n'a pas pensé à regarder ce qu'ils jouaient ce soir.

— Pas grand-chose ! beugla Camina.

— Rien, je dirais, dit Solange, calmement, en remuant les lèvres de telle façon que le croque en tressaillit.

— De la rediffusion ! spécifia Camina. On rediffuse à tous les étages ! Et dans les grandes largeurs ! Bordel à cul !

— On paie quand même la redevance ! intervint à propos le croque, qui ne suivait pourtant pas la conversation.

— Cathodique, en grec ancien, ça veut dire quelque chose comme merde », indiqua Maurice en prenant un air accablé. Ensuite, se tournant vers la bougie, les yeux exorbités : « Mais, j'y songe, Camina, tu as laissé Bernadette entre les corps sans vie de maman et de Bernard ?

— Comment faire autrement ? Merde ! J'arrête pas, moi ! Je m'occupe de tout ! J'ai besoin de repos et de détente. J'ai pas dormi depuis une paille. Ou deux pailles.

— Tout de même, Bernadette, toute seule pour veiller deux morts.

— Elle ne veille pas, elle dort. Quand je suis partie, elle dormait à poings fermés.

— Actuellement, ses nerfs laissent à désirer. Elle a les nerfs en peluche. En ficelle. En charpie. »

Ce disant, Maurice se lissait l'avant-bras, comme s'il s'aiguisait l'auriculaire. Camina ne descendait pas de ses grands chevaux. Je ne la trouvais pas plus fatiguée que d'habitude. Les yeux lui sortaient même moins des orbites. Elle s'était peut-être trop privée de télévision.

« Je peux proposer quelque chose, murmura le croque, en se levant.

— Quoi ? Quoi ? Quoi ? cria Camina.

— Je pourrais emmener Solange veiller sa mère et son frère. Ainsi Bernadette aurait-elle une compagnie. Moi-même, je serais à pied d'œuvre pour régler les détails de la cérémonie. Me mettre dans l'ambiance. Qu'en pensez-vous, Solange ? »

Solange baissa la tête et on eut l'impression que sa bouche ouverte avait cherché à gober la carafe. Camina grogna une méchanceté à propos des mœurs des employés de la pompe funèbre. Mais elle s'occupait déjà aux réglages de la télévision, en prévision du lendemain matin. Elle se laissait tomber dans le fauteuil. C'est là qu'elle dormirait, me contraignant à faire durer le figement de la paralysie flasque.

« Ce n'est pas un mauvais plan, admit Maurice en tournant le front vers Alban Pitaine. Bernadette seule entre deux proches défunts, elle qui a une tendance pathologique à broyer du noir, c'est prendre le risque d'augmenter son angoisse.

— Moi, ça ne me dérange pas, persévérait le croque.

— Je sais que cela ne vous dérange pas, apprécia Maurice.

— J'y pense, s'exclamait Mme Quillard, je peux très bien vous accompagner, Maurice ! Nous passerions la nuit au domicile mortuaire. Vous pourriez soutenir Bernadette. Moi je vous soutiendrais. La nuit nous semblerait plus courte, n'est-ce pas ? »

Elle avait clos sa période par un « n'est-ce pas ? » qui ne lui allait ni à la bouche ni à la voix.

« Qu'est-ce que tu en penses, Camina ? » jeta-t-elle vers le fond de la pièce où le fauteuil et son contenu baignaient dans le frais cresson bleu de la télévision.

Camina en pensait qu'elle avait envie de dormir en laissant chauffer le poste. Elle enroula une esquisse de bras d'honneur, qui lui haussa l'épaule.

« Camina n'y voit pas d'inconvénient, dit Mme Quillard en malaxant le triceps de Maurice.

— C'est plutôt la place d'un homme de métier, proféra Maurice.

— Je suis d'accord, approuva le croque.

— Nous savons être humains, Maurice, nous, plus que n'importe qui, articula avec amertume Mme Quillard.

— Si Solange qui est de la famille m'assiste auprès de Bernadette, insista Alban, je crois que nous représentons la solution la plus simple, et qu'il n'est plus temps de temporiser. »

Il prit Solange par le poignet, corrigea la position de sa casquette, et violacé par l'émotion il se leva, bouscula sa chaise, bredouilla en agitant la main :

« Je m'occupe de tout ! »

De loin Camina laissa s'échapper cette information :

« La clef est sur le tableau de bord ! »

Le visage de Mme Quillard s'allongeait. Maurice souriait. Il se tournait les pouces en observant du coin de l'œil les ombres que cet exercice produisait sur la bouteille de bière campée à sa droite.

« C'est mieux ainsi », dit-il sans regarder Lamoule.

Le croque stoppa à ma hauteur et lança :

« Si vous voulez, lui, je l'emmène !

— Lui, il reste là ! » signifia Camina, sur un ton sans réplique.

Je crus percevoir l'ombre d'un sourire traverser la figure déconfondue de Mme Quillard. Maurice marmonnait. Je n'avais jamais remarqué qu'il avait un côté pasteur, très droit, raide, les lèvres pincées, l'œil bleu des méchants, le cheveu fin.

« Peut-être avez-vous raison », soupira Lamoule, en se poussant, de l'épaule, contre l'aîné de la fratrie.

Elle était à peu près dans l'état où je l'avais découverte le soir où Bitove lui avait fait la grâce de la visiter à domicile. Folle et fascinée. Elle s'inquiétait seulement des réactions éventuelles de Camina. Mais Camina dormait, les yeux grands ouverts sur les tumultes du petit écran.

« Vous êtes un homme d'exception, ronronnait-elle. Un homme à femmes, je suis sûre. On vous l'a déjà dit, n'est-ce pas ?

— Non, répondait Maurice. Avec les médicaments que je prends, toute ma force part dans mon système glauque. Il ne me reste pas un gramme de sang pour les instruments du plaisir.

— Je m'arrangerai, je connais des moyens, expliqua-t-elle à mi-voix, tout en se faufilant de la main dans les plis de la chemise de Maurice.

— Je me demande, je me demande.

— Vous n'aurez qu'à vous laisser faire, Maurice. Trouvez seulement une excuse pour quitter cette pièce et vous verrez. »

De suivre son manège entre mes cils, d'entendre sa modulation de bête à vices, je me sentais durcir. Ma nuit serait interminable. Vraisemblablement.

Il ne se passa pas des heures. Camina ronflait. Mme Quillard avait eu des gestes déplacés, que Maurice n'avait pas jugé utile de replacer. Puis elle l'avait entraîné à l'étage. Elle menait un saccage de tornade. Maurice ne devait pas être facile à stimuler. Emportée par sa passion et par une appétence assez bassement animale, Lamoule infestait le silence relatif de la nuit avec une terminologie répugnante. Et qui suscitait en moi des flots de jalousie.

Un œil et une oreille en direction de Camina, je pus, par désespoir, sans contorsions excessives, vider des fonds de verres et des restes de bouteilles, certains même assez conséquents. Vers deux heures du matin, alors que j'étais déjà bien saoul et raide dans ma promenette, Camina s'éveilla en sursaut. La télé divulguait un documentaire sur la chasse. Je ne comptais plus les orgasmes qu'éprouvait Mme Quillard à l'étage du dessus. J'avais abandonné au quatorzième. Elle se calmait, d'ailleurs. De temps en temps, elle expulsait une bordée de grossièretés, mais la nuit retombait vite dans une paix bonasse.

Camina se grattait. De près, ce devait être malodorant, comme de battre un sac d'engrais en poudre ou de plonger dans un bassin rempli de pulpe de betterave. Les chasseurs parlaient de la chasse au blaireau. Ils avaient de bonnes bouilles de philosophes et des expressions de gourmets. Camina tourna vers moi une figure fripée, aux yeux pochés, à la bouche tordue. Elle fronçait les sourcils. Comment avais-je pu pendant tant d'années désirer une créature aussi vilaine ? Elle jeta ses grosses jambes en avant, prit appui sur ses poignets retournés, puis après deux ou trois oscillations elle s'érigea, face au petit écran, découpe noire et monstrueuse sur une dispersion de lueur fastidieuse.

À la lenteur de son remuement, je compris qu'elle me préparait une crasse. Elle se mâchonnait l'intérieur de la bouche, comme quelqu'un dont le dentier s'est décollé. C'était signe qu'elle réfléchissait. Au-dessus, Mme Quillard clapotait sans précipitation, ni plus ni moins, mais une oreille sans malice n'y aurait entendu qu'un bruit chaste. Camina m'assena un coup de genou dans le bras.

Pour son âge, elle avait de la puissance. La ville défilait devant moi. Sur ma nuque, le souffle de Camina déposait une tiédeur agréable. Elle marmonnait. C'était des méchancetés que je ne comprenais pas. Elle conduisait la promenette avec des brusqueries de chauffard, montait sur les trottoirs, frôlait les coins de mur et les poteaux des feux de signalisation, emportait dans sa course des cageots, des papiers, des feuilles de journal, des rubans de matière plastique et des sacs de supermarché.

Si grosse, si grasse et si véloce, je n'en revenais pas. Jamais je ne l'avais vue se commettre dans un effort prolétarien. Sa haine atteignait donc des proportions bellicistes. La promenette passa en trombe devant l'hôtel de ville, dont l'horloge marquait une heure et demie. Elle filait dans l'étroite rue de l'Escale, érafla deux carrosseries en stationnement et vira à droite vers le fleuve, dont le bruissement d'eau et de rats montait jusqu'au milieu de la rue.

Dans le jardin public, Camina emmena la promenette à l'entrée de la passerelle, qu'elle n'emprunta pas, au lieu de cela elle se laissa glisser dans un sentier qui conduisait, cinq mètres plus bas, sur un faux quai, sorte de berge renforcée par des madriers et des traverses de chemin de fer.

« Terminus ! » s'écria-t-elle en lançant la promenette et son contenu dans la mare.

Elle me souhaita bon voyage. Du moins, je crus l'entendre dans le vacarme de la gerbe qui s'élevait autour de moi. Je prenais des réserves d'air.

Sans émotion, je me laissai couler. Quand je me sentis m'enfoncer des genoux et des poignets dans la vase glacée, je lâchai la promenette qui remonta, pendant que sous l'eau j'essayais de nager vers le bord, tout en abandonnant ma dérive au courant ralenti qui transporte le fleuve à cet endroit de la boucle. Quand je sortis la tête de l'eau noire, j'eus l'impression de pénétrer directement dans le ciel à ras d'une fête des lumières éparpillées et multipliées sur les flots eux-mêmes éparpillés et multipliés. C'était beau comme un après-midi d'été. Ou comme un soir de Noël. Ou comme un voyage dans les pays qu'on voit dans les magazines.

Accroché aux herbes du rivage, je restai là pendant des minutes et des minutes, sans force, stupéfait encore de l'audace de Camina, qui avait décampé une fois commis son forfait. Et qui devait se frotter les mains et ricaner. Vengée de je ne savais quoi. Pauvre femme.

Normalement, j'étais mort. C'était une situation d'un inconfort évident : je marchais dans les rues, dans des vêtements dégoulinants d'eau, j'avais froid jusqu'aux moelles les plus introuvables. Camina m'avait tué. Elle m'avait jeté dans le fleuve. Un malade dans le fleuve. Paralysie flasque. Aucune chance de surnager. Mort. Noyé.

Dès qu'on meurt un peu accidentellement, tout de suite on s'imagine de l'importance. On devient une sorte de héros, comme le type qui se casse un os et dont les amis viennent signer le plâtre. C'est ce que je pensais de moi, de cette masse, de ce quintal et plus, de ce gros cadavre ambulant, ratiboisé, mort parmi les morts.

Vraiment, la tête me manquait pour comprendre où j'étais, ce que je faisais, où j'allais. J'ai marché encore, en réfléchissant comme réfléchissent les morts : avec tout le temps devant moi.

Comme par hasard, mes pas m'ont conduit au domicile de la vieille, où Bernadette, Solange et Alban Pitaine veillaient les dépouilles de la vieille et de son fils Bernard. La salle à manger était plongée dans une pénombre à peine éclairée par deux bougies qui brûlaient face au miroir sur le marbre de la cheminée. Les rallonges de la table avaient été tirées, et les corps de la vieille et de Bernard reposaient côte à côte, en famille, sur le plateau. Bernadette était étendue sur le canapé. Des deux cercueils installés sur des tréteaux peints en noir mat, et dont les couvercles étaient appuyés contre le mur, seule émergeait la casquette du croque-mort. Je m'approchai et l'appelai, discrètement, de sorte à ne pas gâter son délice au cas où il en serait à un épisode crucial de la mêlée.

La casquette remua, tourna sa visière dans ma direction et je vis apparaître de biais le visage ravagé de l'employé des pompes.

« Que se passe-t-il ? m'enquis-je.

— J'ai tout gâché », larmoya l'homme.

Il me tendit la main, afin que je l'aide à descendre du cercueil. Je me penchai vers Solange.

« Ne regardez pas : je l'ai étranglée. »

J'ai regardé, par curiosité. Il y a des choses qu'il ne faut pas rater.

« Je ne voulais pas, dit le croque.

— Elle est morte ?

— Je ne voulais pas. Une femme comme celle-là, vous pensez bien que j'avais intérêt à la faire durer.

— C'est un accident ?

— Non, non. Au moment du plaisir, j'ai eu envie de lui serrer le cou. Et j'ai serré. Je ne me rendais plus compte. Je serrais. C'était bon. Pour moi comme pour elle. Elle jouissait, la bouche grande ouverte, ses grosses lèvres parcourues de frémissements, et des petits cris de volupté, comme ceux d'un animal, lui montaient de la gorge. J'ai serré plus fort, plus fort, pour qu'elle jouisse encore mieux. Et moi aussi. »

Il raconta le partage, dans le détail. C'était émouvant. Des spasmes frénétiques. Sept ou huit vagues orgasmiques. Un déferlement de plaisir. Par deux fois. Car ils avaient essayé les deux cercueils.

« Celui de Bernard était plus grand que celui de la vieille. On était bien. On avait nos aises. J'avais l'impression qu'on faisait l'amour depuis un siècle, sans s'arrêter. Comme fou, j'étais, de bonheur, avec des projets quasiment matrimoniaux. Quelle bouche ! »

La mort de Solange ne m'attrista que par solidarité humaine avec le croque, qui semblait très désolé. Il répétait : « Quelle bouche ! Quelle bouche ! », estimant, non sans une certaine lucidité, qu'il ne retrouverait jamais un organe de cette qualité.

« Jamais, j'en suis bien d'accord avec moi-même, dit-il en s'agrippant la tête à deux mains. Ce qui me console un peu, c'est de savoir qu'elle est morte en pleine extase. Comme foudroyée par le plaisir. Moi je l'ai vue mourir, là, sous mes yeux, entre mes mains. C'est incroyable ! Et je n'ai rien pu faire pour la sauver. Le plaisir commandait.

— Vous n'étiez peut-être pas obligé de lui lier les mains derrière le dos, remarquai-je après avoir jeté un coup d'œil plus scrutateur dans le cercueil où était Solange.

— J'aurais préféré, bien sûr. C'était plus démocratique, dans un sens.

— Recommandé, même, pour la validité des sentiments, précisai-je encore.

— C'est qu'elle me faisait des difficultés.

— Solange a toujours été une emmerdeuse. Comme tous les membres de la famille Rachot. Le dépressif, c'est une race d'emmerdeur.

— Moi je voulais la révéler au bonheur, vous me comprenez. On avait tout pour être heureux, une grosse bouche, deux beaux cercueils, la nuit devant nous…

— Elle faisait des manières, je suis sûr…

— Elle tenait à veiller les morts. Prier. Prier. Elle voulait prier. Si je l'avais laissée faire, on en serait encore sur les genoux à gnognoter des pater et des noster, des ave et des maria, pas de ça Lisette !

— Je comprends.

— En la ficelant, je n'ai œuvré que pour son bien. Je n'ai rien à me reprocher. Il y a des gens à qui il faut montrer de force la vérité des choses ! De force ! »

Il avait la casquette de travers et la braguette bâillante. Je m'égouttais sur le Balatum.

« Vous êtes trempé », remarqua-t-il, et sans se demander ce qui avait pu m'arriver, il tomba dans une affliction taciturne. Je l'avertis que j'allais avoir besoin de lui. Dans les délais les plus brefs. Pour une durée indéterminée.

Puis je passai dans la pièce voisine, qui était la chambre de feu la vieille. Fétichisme ou crainte de rendre service à des personnes à qui elle en aurait fait don, elle conservait dans l'armoire les tenues de feu son mari. Des costumes de contrôleur de train et de bouliste du samedi, des tenues de dimanche dignes et à fines rayures, des pantalons en velours, des vestes de laine, des chemises à carreaux et des cravates ternes, toute la panoplie du nubuque de province qui se prend pour un petit quelque chose.

J'ai fait mon choix : un pantalon en toile bleue, une veste marine, seconde classe, une chemise de flanelle grise, une cravate jaunasse parsemée de figures d'un jaune plus clair et qui pouvaient représenter des engrenages. Dans une valise, je pris du rechange, dans le même style campagnard évolué. Et une casquette en faux tweed.

Quand je revins dans la salle à manger, le croque se recueillait devant le corps de Solange. Il m'annonça qu'il lui avait détaché les mains, « pour que ça paraisse plus naturel », mais il ne précisa pas ce qui était censé paraître plus naturel.

« On lève le camp ! » dis-je.

Passant à la hauteur du canapé, j'aperçus Bernadette. Nos allées et venues bavardes n'avaient aucunement dérangé la surface médicamenteuse de son sommeil. J'en fis la remarque au croque. Il eut une moue navrée.

« Elle était morte quand je suis arrivé, expliqua-t-il sans se démonter. Elle dormait lorsque votre femme l'a abandonnée avec les deux cadavres. Pour moi, elle s'est réveillée, elle n'a pas reconnu vraiment où elle se trouvait, elle a pris peur comme d'être tombée dans un coin de l'enfer, je ne sais pas, et elle est morte d'effroi. Surtout qu'elle n'avait pas les nerfs de tout le monde. »

Ma surprise fut telle qu'Alban Pitaine se crut obligé de me porter assistance en m'étreignant le bras.

« Elle est morte sur le coup. Quand je l'ai vue, elle avait les yeux exorbités, la figure difforme, la langue en dehors de la bouche. Je lui ai remis de l'ordre dans la figure. C'est mon métier, aussi. »

Comme il n'était pas chiche d'une générosité professionnelle, il se signa en remuant les lèvres. Puis, se tournant vers moi :

« Je suis à votre disposition, monsieur Plonque. Je vous dois beaucoup, vous n'aurez pas affaire à un ingrat. »

D'un coup de pouce expert, il recentra la casquette funéraire. Il se redressa de toute sa taille et attendit les ordres. Je lui tendis la valise.

La camionnette discrètement garée devant chez moi où les fenêtres vacillaient dans la lueur orangée des bougies, le croque m'entraîna de l'autre côté de la rue, derrière une palissade de chantier : pour surveiller Solange, il avait loué une chambre de bonne dans un immeuble ruiné.

« Je suis le seul locataire. Il y a un vieux au rez-de-chaussée, mais il est sourd et ne sort que le samedi », eut-il l'amabilité de préciser en poussant des paquets de gravats devant lui, sur le palier.

La chambre était habitable. Un matelas double étendu sur une sorte de bat-flanc, un fauteuil en osier, une fenêtre large et en partie occultée par des cartons d'emballage.

« J'ai de quoi faire chauffer de l'eau pour le café en poudre, mais il faudra qu'on se trouve un deuxième bol. J'irai. »

Il discutait avec une feinte décontraction. Mais les regards qu'il me lançait trahissaient son inquiétude.

« J'ai dû faire l'imbécile, avec Solange.

— Sans doute.

— Je m'en veux. Je sens que je n'aurais pas dû.

— C'est la première fois ? »

C'était une question que je posais pour dire quelque chose,

donner le sentiment que je m'intéressais. Le croque haussa les épaules, secoua la tête :

« Non. »

Je le félicitai, comme ça. Pour le payer de sa franchise.

« Solange est ma treizième. Les autres n'étaient pas aussi délicieuses. Elles avaient de la bouche aussi, mais pas assez pour me plaire à fond. Je les ai étranglées presque à regret. En tout cas, je n'y ai jamais pris autant de plaisir qu'avec Solange. Avec elle, comment dire, j'avais rencontré le grand amour. »

À se remémorer Solange, il s'énervait, pâlissait, entrait en lui, dans les replis maussades de sa mémoire. Il se sentait en veine de confidences. Et même de confessions, car dans son délire il m'appela « Mon père ». Je le remis d'actualité, sans violence, mais avec fermeté. D'avoir éliminé Solange ne lui vaudrait pas la médaille du mérite, mais il n'y avait pas de quoi se flageller.

« Si vous vous êtes fait du bien, c'est le principal, dis-je avec compassion.

— Inoubliable. Mais Solange n'est plus là pour m'entendre lui exprimer ma gratitude.

— Solange était dépressive. Elle voulait mourir.

— Elle se débattait.

— Les dépressifs sont très indécis, vous savez. Un jour, ils se suicident. Le lendemain, ils ne se suicident plus. Ils ne savent pas ce qu'ils veulent. C'est leur rendre service que de décider à leur place.

— Je sais bien que c'est une souffrance terrible que de ne pas savoir sur quel pied danser…

— Vous l'avez libérée d'un pénible fardeau, Alban. Soyez heureux. »

De toute façon, la famille Rachot traversait une période exterminatoire. La mort de Beignet avait déclenché une série noire.

« Le destin n'a pas les freins à disques », proféra le croque en battant de la semelle contre rien.

« Où en est-on ? » pensai-je.

Beignet avait modifié le cours des événements abalourdis dans lesquels les antidépresseurs plongeaient les Rachot depuis le déraillement du contrôleur des trains. La vieille n'avait pas résisté au changement d'air. Le fait d'avoir été installée à l'étage l'avait tuée, elle, une grande nerveuse, une grande pleureuse, une jamais remise de la mort de son mari, il y avait tant et tant d'années, veuve immodérément veuve. Bernard, qui souffrait des supplices sur lesquels il ne pouvait s'asseoir, et qui aimait sa mère au-delà de toute estimation naturelle, s'était jeté sous les roues d'un véhicule de police. Bernadette mourait sous le coup d'une trop cauchemardesque émotion, en découvrant les corps sans vie de sa mère et de son frère. Solange offrait son corps, sa jeunesse et sa grosse bouche à un tueur en série.

« Elle aurait pu refuser de vous suivre, n'est-ce pas ? dis-je en sortant de ma réflexion comptable.

— Elle aurait pu.

— Vierge comme elle l'était, elle n'aurait pas suivi un inconnu si elle n'avait pas des idées de derrière la tête.

— C'est ce que j'ai pensé.

— Elle s'est comme suicidée, en quelque sorte. Elle aurait pu se jeter sous les roues d'un fourgon de flics, comme Bernard. Pour l'efficacité, c'est indiscutable.

— Ç'aurait été du gâchis, tout de même. Moi je pense d'abord à la bouche et aux plaisirs de la bouche.

— Elle avait choisi de mourir de cette façon. Elle se doutait de quelque chose. Elle a sauté sur l'occasion. Elle a suivi son frère, sa mère, son autre frère, sa sœur Bernadette.

— Un sacré carton, on a beau dire !

— C'est pas une vie non plus, la dépression.

— C'est pas une vie », admit le croque.

Le jour se levait. Avec une mollesse, une langueur de belle saison. Dans le ciel, les routes blanches des avions. Je n'avais pas envie de dormir. Le croque s'était allongé sur le matelas, les épaules et la tête contre le mur, la casquette rabattue sur le visage. Il ne dormait peut-être pas. Il avait trop envie de repenser à Solange. Un merle vint frapper au carreau. Je n'avais pas envisagé l'avenir le plus immédiat.

« Normalement, je suis mort. Camina m'a fichu à l'eau. Elle me croit trop con pour n'avoir jamais su nager. »

Alban grogna trois ou quatre mots à travers l'épaisseur de la casquette. Il me mettait en garde contre Camina. Selon lui, une femme qui attente gravement à la santé de son mari peut se révéler dangereuse, à la longue.

« Pour elle, je suis mort. »

Il approuvait.

« Je suis mort. Quand va-t-on retrouver mon corps ? Mystère. Dois-je disparaître ? Dois-je rentrer à la maison ? »

Il replaça sa casquette dans une symétrie plus conforme aux règles en vigueur dans sa corporation.

« Avec vos soucis, vous m'empêchez de dormir. Je vais faire cuire du café. Vous en voulez ? »

J'en voulais.

« C'est qu'une rude journée m'attend, bougonnait-il en fourraillant son réchaud à gaz qui récalcitrait à s'allumer. Je croque la mère, deux filles et un fils. Ça va prendre du temps. J'espère que la pompe nous octroiera du renfort.

— L'enterrement, c'est seulement pour demain.

— Ah bé, oui ! On ne sait plus comment on vit. Je suis fatigué, probable. »

Il ne pensait qu'à lui, à son métier, à ses problèmes, à sa fatigue. Pour éviter qu'il se serve en premier, je saisis l'unique bol et y versai, directement de la boîte, une bonne dose de poudre.

« C'est de la poudre, mais il est bon », prévint Alban en vidant de l'eau frémissante sur la poussière de café.

L'idée qui s'imposait à mon esprit avec la force d'une affiche déployait Mme Quillard dans des postures atroces. Je la voyais chevaucher Maurice, carrément. Les bruits de la nuit ne m'avaient laissé aucune illusion : elle le chevauchait, prenant sur elle, bravement, toute la peine, toute la contingence musculaire, lui se laissant paresseusement gainer, en prince, en monsieur est servi, en enfant de chœur.

« La jalousie me fait rissoler les testicules », avouai-je, faute d'avoir découvert une formule plus parlante.

Le croque hocha la tête. Il me comprenait. J'affirmai avec netteté que je n'abandonnerais pas Mme Quillard dans les mains neurasthéniques de Maurice.

Je ne pus stopper sur le bord de mes lèvres cet épanchement un peu vantard :

« C'est une femme jouie, de par ma faute. »

J'ajoutai, avec sincérité :

« Très jouie. »

Comme mes yeux glissaient vers la lumière vague de la rue, je vis Camina émerger de la maison, toutes grimaces dehors, suivie par Maurice, tête penchée, épaule basse, mains dans les poches. Ils se hissèrent dans la camionnette. Dix secondes plus tard, ils avaient disparu au coin de la rue.

« Ils ne sont pas au bout de leurs surprises », dit le croque qui attendait que j'en finisse avec le café.

Je patientai encore une demi-heure, dans l'espoir de voir apparaître Lamoule. Mais sans doute qu'elle avait quitté les lieux au milieu de la nuit.

« Il va falloir que vous retourniez au domicile mortuaire, dis-je.

— J'y compte bien. Pas avant dix heures. Il faut leur laisser le temps de pleurer dans l'intimité. »

C'était une remarque de professionnel attentionné. J'avalai le reste de café en deux gorgées pressées. Rien ne m'autorisait à retarder plus l'instant où Alban Pitaine profiterait des bienfaits du café. Noir. Très noir.

Le nez chaussé de lunettes de soleil, tombé de chapeau mou sur les sourcils, le menton bleu de barbe, mon reflet dans les vitrines me retournait une silhouette méconnaissable. C'était la première fois que je me voyais habillé en beau-père. Ma carrure s'inscrivait harmonieusement dans l'ampleur solennelle de ces vêtements. C'était aussi la première fois que je me promenais en ville, seul et libre, sans horaires, sans parcours, à l'aventure. Que je pouvais traîner, m'installer à la terrasse d'un bistrot et me repaître des femmes qui défilaient et se succédaient sur le trottoir, séparées de moi par une lame d'air et un rien de tissu que ma puissante imagination des choses féminines effaçait à la demande. Parfois venaient se superposer à ces images volées à la déambulation publique des morceaux choisis du corps de Mme Quillard, obsession personnelle que j'essayais de modérer.

Mort, je ne m'étais jamais senti aussi vivant. L'avenir m'appartenait. J'en étais à remercier Camina d'avoir pensé à m'assassiner. Elle m'avait jeté à l'eau, comme on se débarrasse d'un chien malade. Au fond, elle avait fait le bon choix. J'étais devenu une charge pour une femme très attachée à la télévision. La paralysie flasque, même simulée, garantit une longévité si désespérante pour l'entourage de qui en souffre.

Je bus ma part de bière. Quatorze blondes et six brunes, ce qui me fit mousser les heures jusqu'au milieu de l'après-midi. Le croque me rejoignit vers cinq heures, à la sortie des bureaux. Je suivis du regard encore bien des derrières d'employées de l'administration, rêveries salaces qui me pinçaient au cœur.

« Le désordre est à son comble, vous savez », répétait pour la sixième fois Alban Pitaine, pâle et cartilagineux.

Il tournait son visage vers la lumière qui tombait en mèches autour du parasol, et devant mon inertie, il soupirait.

« Moi je ne peux plus regarder une femme, murmura-t-il. Même de dos. Je ne peux plus. »

Je crois qu'il s'en fichait. La mort de Solange ne l'affectait pas autant qu'il s'en vantait. Mais il avait envie de se donner de l'importance, une raison de pleurnicher, d'être malheureux, afin de prolonger plus vivement le plaisir qu'il avait ressenti en serrant ses mains autour du cou de ma belle-sœur. Il oublierait, mais seulement après avoir usé le souvenir, en avoir tiré toute la luxure et toute la morbidité, seulement après en avoir profité égoïstement, salement, en monstre, car c'est maintenant, dans cette délectation, dans cette remembrance voluptueuse, qu'il devenait monstrueux.

« Je sais ce que vous pensez », dit-il.

À ce moment-là, je ne pensais rien. Une foisonnante paire de fesses s'était posée sur une chaise de la table voisine. Il y a des femmes à qui on ne devrait pas permettre de s'asseoir, tant ce faisant elles privent le quidam d'un bienfait adorable.

« Je peux causer maintenant ? demandait le croque pour la vingtième fois.

— Faites, Alban. »

Au domicile de la vieille, les survivants n'avaient pas besoin de se compter.

« À deux, vous pensez ! Plus que deux ! Deux ! Il y en a deux d'eux ! » s'exclamait le croque.

La police tenait la place. Pour plusieurs raisons. D'abord, elle se considérait un peu de la famille et du chagrin de la famille depuis que Bernard avait choisi d'en finir sous les roues d'une voiture à sirène et gyrophare. Ensuite, Camina avait signalé ma disparition et la mort étrange de Solange. Enfin, une patrouille avait découvert la promenette accrochée dans les herbes aquatiques, en bordure du terrain de camping.

« Il s'en passe de drôles dans votre famille pour le moment », s'était étonné un brigadier.

Appelé en urgence, le docteur Pételle avait signé tous les certificats d'inhumation utiles et nécessaires au fonctionnement sans encombre des cérémonies funéraires.

« Je marque : décès par arrêt du cœur. C'est ce qui se porte le mieux. »

Que Solange eût été mortellement resserrée ne relevait que de sa vie la plus privée. « À notre époque, l'intimité est inviolable. Inviolable ! »

« Les flics ont fait les gros yeux, mais comme il y avait à boire ils n'ont protesté que le temps qu'on leur remplisse un verre et qu'ils se rendent compte qu'il y avait de la recharge derrière.

— Et Camina ? demandai-je.

— Elle dirige ! Elle a l'air en pleine forme. Elle a même torgnolé Maurice : un coup de coude sur l'oreille ! Il a les vaisseaux fragiles, parce qu'il s'est mis à saigner tout de suite. Votre femme avait l'air fâchée. Elle l'a traité comme un moins que rien.

— Il est énervant aussi, le Maurice. Il faut le connaître !

— Il n'arrête pas de prendre des cachets ! Il piétine. Les flics lui lancent des vannes. Il prend tout mal.

— Mme Quillard n'est pas venue ?

— Non. »

Est-ce que Mme Quillard savait que j'étais officiellement disparu et qu'il y avait plus d'une chance que je ne réapparaisse pas avant longtemps ? Le spectacle coloré des femmes sur le trottoir avait exacerbé le désir que j'avais de Lamoule.

« Vous ne savez pas ce qui s'est passé cette nuit, quand Camina est rentrée à la maison après m'avoir noyé ?

— Il ne s'est rien passé.

— Avec Maurice, avec Mme Quillard, des choses peut-être pornographiques, hein ? Hein ? Hein ? Des disputes ? Des reproches ? Des bagarres ? Qu'elles en viennent aux mains ! Je ne sais pas.

— Je pense que Mme Quillard était rentrée chez elle. Entre elle et Maurice, malgré les efforts et le talent, l'action n'a pas dû se conclure positivement. »

Il supposait seulement, mais avec prudence et après avoir prémédité sa supposition, et je lui en savais gré.

Dès lors, nous eûmes de longs bavardages presque complices. Je m'inquiétais de ce qu'il pensait d'être en conversation avec un mort. Il s'émouvait d'apprendre que je l'appréciais encore et autant qu'avant de savoir dans quelle débauche criminelle il dissipait ses instants de loisir. Quand nous eûmes beaucoup trinqué, de la blonde et de la brune, les promesses amicales nous glissèrent naturellement de la bouche. Avec audace, nous échangeâmes des confidences plus que secrètes, des choses que nous ne nous étions jamais livrées à nous-mêmes, que nous nous cachions tellement elles nous semblaient laides et horribles.

Il y a dans l'homme tout un réseau de haines sans grandeur, de mesquineries crasseuses, de résolutions abjectes, de saletés, qui s'expriment avec une certaine autonomie, en dehors de nous-mêmes, et que nous partageons avec tout le monde, et avec ceux que nous jugeons sévèrement et dont nous refusons de voir qu'ils nous ressemblent, qu'ils sont nous-mêmes. Ainsi, dans certains domaines, sur certains sujets, le croque me valait et je le valais. C'était une découverte qui nous enchantait.

« Mais, attention, je n'ai rien de commun avec Camina ! m'écriai-je, joyeux.

— Qui sait ? grogna le croque.

— Impossible. Personne n'est plus bas que Camina. Personne n'est plus laid.

— C'est vrai qu'elle est moche.

— Elle est pire que moche.

— Elle est grosse, et sauf votre respect, monsieur Plonque, elle sent mauvais.

— Elle pue. Le mot juste, c'est qu'elle pue. »

Peut-être était-il temps de nous replier dans la chambre du croque. L'ivresse commençait à nous hausser le ton, à élargir nos gestes, à nous rendre maîtres du monde et de toutes les régions s'y rattachant par l'imagination. Nous avions commandé trois ou quatre fois des tournées de salades composées, avalées en deux goulées, et dont le malheureux volume ne calait nullement le flot biéreux qui me clapotait de la vessie aux amygdales.

« Moi je vous dis, Alban, pour assassiner, il faut des couilles. Il faut de la couille droite et il faut de la couille gauche. Vous avez des couilles, Alban. Vous, vous avez des couilles !

— Pas plus que vous.

— Vous avez des couilles. Pour faire ce que vous faites, il faut des couilles. Treize femmes à grosse bouche ! Merde, si c'est pas des couilles !

— J'ai eu de la chance.

— De la chance et des couilles.

— L'une ne va pas sans les autres.

— Moi j'ai voulu tuer Camina je ne sais plus combien de fois. Je n'y arrive pas. Pourtant, elle le mérite. Elle ne mérite que ça. La tuer, je n'ai pas d'autre rêve.

— Moi je ne tue pas les femmes : je leur fais l'amour, nuance.

— Ça revient au même.

— L'amour, c'est l'amour. Elles meurent suite à un de mes réflexes amoureux.

— Mais elles meurent. Des fois, elles ne sont pas d'accord. Vous me l'avez dit. Solange n'était pas d'accord.

— Dans ce cas, ça m'oblige à les aimer plus fort.

— C'est beau, quand même.

— L'amour, ç'a toujours été beau. »

Il fallut nous entraider, nous encourager mutuellement. Après la traversée des gravats, une montée des étages pleine de périls et de pièges, nous nous écroulâmes sur le matelas, lourds de bière et d'amitié, convaincus enfin d'avoir commis un excès.

Rien que de sentir le contact pisseux de la litière, le croque roula instantanément dans un coma rassuré, et monta de son sommeil un ronflement allègre, sombre cantique.

Quand j'ai bu, j'ai soif. Plus je bois, plus j'ai soif. Mon ivrognerie n'a pas de limites. Je sais à peu près me tenir sans bruit et je ne me suis jamais cassé un os en descendant à la cave. J'aime boire. J'ai pris le pli de boire en cachette, de m'imbiber avec constance et générosité, en contrepartie des récessions sexuelles que m'imposait Camina. La chasteté n'est pas dommageable pour la santé, mais elle est saccageante pour le moral : déficit garanti. L'alcool fait l'appoint. C'est toujours ça de pris, comme dit le philosophe.

J'ai renforcé ma tenue de beau-père avec une pochette d'un marron filandreux chiné de glaires verdâtres, avec une épingle de cravate représentant un train à vapeur, avec trois chevalières en plaqué or et une gourmette en argent au sigle des chemins de fer. Bien que l'été fût acharné, j'enfilai une paire de schnobottes, que le beau-père endurait bien lors des longues stations sur les quais ventés par l'hiver. Des schnobottes de fabrication américaine, à poils longs, double fourrure, crochets chromés, deux pointures au-dessus de ma taille. L'homme de la nuit chausse grand, du moins en apparence.

La rue s'était calmée depuis un long moment. Des vagues de tiédeur flottaient dans l'air, hissant des odeurs de goudron jusqu'à mes narines. Le ciel resplendissait comme un arbre de Noël. Ma maison était éteinte, la grille cadenassée. Des odeurs de vieux chèvrefeuille débordaient par-dessus la clôture. Minuit sonnait. Je me suis plu à songer que c'était traditionnellement l'heure du crime. Quelque part en ville, quelqu'un ne pouvait plus réprimer son besoin d'assassiner. Et Camina, qui m'avait tué, était tuée à son tour. Cette pensée ne m'apportait que des satisfactions.

Ce fut à coups de schnobottes que j'entrepris de défoncer la porte de Mme Quillard. Je m'étais admiré dans la glace du hall. Un géant. Terrible. Villeux. Menaçant. Les lunettes noires me rendaient effrayant. J'avais l'air d'un Turc en voyage au pôle Nord. Pour compléter ma virilité, j'avais empli ma bouche de plusieurs barres de gomme à mâcher, et je broyais en y mettant de l'amplitude comme un cannibale rumine les parties collantes d'une postière.

La serrure ne cédait pas. Mais de l'autre côté, Mme Quillard criait au fou, d'une voix respectueuse, songeant peut-être que Bitove lui offrait un retour de faveur.

« Qui est-ce ? » demanda-t-elle en passant une tête curieuse entre la porte et le chambranle.

En guise de réponse, je mastiquai avec plus de vigueur, ce qui m'identifiait comme l'homme, le mâle, la bête, le messie baisant, que toute femme espère, souhaite, désire en produisant, sous les cosy-corners portant une lampe à abat-jour rose bordé de dentelles, des fantasmes à se damner.

« Mon Dieu ! » fit-elle en ouvrant grand l'éventail de ses doigts devant sa bouche.

Je m'appuyais à deux mains contre le bois, sans pousser,

mais la porte me laissait le passage, m'invitait à entrer, Mme Quillard ayant laissé retomber le long de son corps ses défenses potelées et remplacé l'étonnement sur son visage par une grimace alléchée.

« C'est toi, Bitove ? » murmura-t-elle.

Beau compliment qu'elle m'adressait là ! Derrière nous, la porte étouffa un claquement moelleux de bourrelets d'isolation. Mme Quillard se pressait du dos et des fesses contre le mur du couloir.

« Si vous n'êtes pas Bitove, qui êtes-vous ? » interrogeait-elle sans inquiétude.

Elle saurait bien assez vite qu'elle avait affaire à un revenant d'entre les morts. Je mâchais mon paquet de gomme avec une emphase ésotérique. Désormais noyé, locataire des enfers, j'avais la vie devant moi. J'eus un geste large et mûri, de pêcheur au lancer. Mme Quillard ne cilla pas. Elle semblait m'attendre depuis des siècles, depuis des nuits, et les nuits d'une femme qui attend le mâle sont plus longues que les siècles. La vie conjugale m'avait enseigné la réciproque : douze ans de patience sexuelle, c'est trois fois l'éternité aller-retour.

Elle me prenait toujours un peu pour Bitove, peut-être un peu moins. Je gonflais la poitrine, j'essayais de gonfler mon cou, les carotides, et les veines de mes tempes. Un pas en avant, dont s'éleva dans l'exiguïté de l'endroit une poussière qui sentait la gare, la salle d'attente, le guichet abandonné. La fourrure des schnobottes avait conservé de son lointain passé des émanations de voie de garage.

Je pointai la main vers le pubis de Mme Quillard, et l'agitai de bas en haut, en un mouvement d'une délicate autorité. En femme d'expérience, elle ne se le fit pas dire deux fois et releva le devant de sa jupe jusqu'à mi-cuisse, puis, obéissant à une nouvelle incitation de ma main, le releva un peu plus haut, et encore un peu plus haut, et encore, avec une lenteur quasi scientifique. Quand tout fut dégagé, franchement, c'était beau à voir. Comme un portail d'église. Comme une fête foraine. Comme une conjoncture zoologique. Elle portait une culotte rouge, et son poil déferlait en touffes d'herbes noires sur les trois côtés du triangle en tissu.

« Tu m'excites… », souffla-t-elle en se repliant derrière ses paupières.

Elle se tortillait, remuant le bassin et se frottant contre le mur. Elle m'invita à faire ce que je voulais.

« Comment ? dis-je pour le seul plaisir de l'entendre répéter sa prière.

— Faites ce que vous voulez. Mais ne me faites pas souffrir plus longtemps. »

Jamais on ne m'avait dit quelque chose d'aussi gratifiant : j'étais la souffrance et le remède à la souffrance. Elle répéta. Je la fis répéter. Elle répéta. Elle baissait légèrement sa culotte, sans la faire glisser sur ses jambes, juste pour ajouter à ma tentation.

« Tu es comme Bitove, soufflait-elle, aussi large, aussi haut, aussi puissant que Bitove. Et tu sens la bière. J'aime les hommes qui sentent la bière. Ils tiennent longtemps l'érection. Ils perdent tout sens moral. Ils deviennent comme des animaux en folie. Tu sens la bière, toi ? En as-tu vidé beaucoup ? Dis-moi ! »

J'émis des grognements qui voulaient signifier que je contenais une barrique et trois ou quatre tonnelets.

« Tu vas être bon. Je sens que tu vas être bon. Tu vas durer longtemps. Tu vas durer jusqu'à demain matin. »

C'est comme ça que j'aime Mme Quillard. Quand elle me parle avec obligeance. Quand elle formule pour nous deux des projets d'avenir.

« Je t'aimerai, toi, déclarait-elle pour s'élever d'un degré sur l'échelle de la combustion. Je sens que je vais t'aimer. Je vais t'aimer. Tu vas me prendre. Je te donne tout. Je te donne tout. Je ne te demande rien en échange. »

Sur ces mots, la sonnette de l'entrée brisa le bel élan qui nous portait l'un vers l'autre.

« Madame Quillard ! Madame Quillard ! appelait la voix de Camina.

— La voisine ! » prévint Mme Quillard.

Les yeux hors de la tête, la démarche titubante, elle me repoussa vers la salle de bains, tout en me recommandant :

« Garde-toi bien raide ! C'est la voisine, je vais l'expédier ! Garde-toi surtout ! Garde-toi, mon amour ! »

Et elle me donna brièvement à sucer dans toute sa longueur le majeur de sa main droite. Puis elle courut ouvrir à mon assassin.

Mme Quillard affirma qu'elle était épuisée, qu'elle n'en pouvait plus, qu'elle devait se coucher dans la minute. La cochonne y alla même d'un bâillement atrocement démonstratif. Elle prévint qu'elle allait tomber d'une seconde à l'autre.

Camina ne l'écoutait pas, et gueulait, à son habitude. Je ne l'ai jamais entendue parler normalement. Elle aboie, pour le moins. Elle racontait qu'elle venait de passer à la maison et de constater que la télévision avait explosé.

« Sans faire trop de dégâts autour, précisa-t-elle. Mais en attendant, cette nuit elle est inutilisable !

— Ma pauvre madame Plonque : plus de télévision ! la plaignait Lamoule.

— Il ne manquait plus que ça, merde, reprenait Camina.

— Je sais, madame Plonque. J'ai appris pour Solange. Et pour Bernadette. Pour Bernard, je savais. Vous êtes dans la série. C'est la série. J'ose pas dire autre chose, je suis tellement fatiguée. Tellement fatiguée. Mais je vous soutiens dans votre grand malheur, madame Plonque. Madame Plonque, je vous soutiens.

— Vous ne connaissez pas la meilleure, madame Quillard.

— Si, si ! Il paraît que Solange aurait été étranglée par un sadique !

— Si ce n'était que ça, madame Quillard !

— Moi je n'en suis que là, madame Plonque.

— Figurez-vous que mon mari a disparu.

— M. Plonque a disparu ! M. Plonque a disparu ! C'est vraiment la meilleure !

— Je vous le dis.

— Il a disparu où ?

— Il s'est noyé, certainement.

— Noyé ?

— La police a retrouvé sa promenette dans un carré de roseaux, derrière le terrain de camping, dans la boucle.

— J'espère qu'on va le retrouver, madame Plonque. Le retrouver vivant.

— Je ne crois pas.

— Il faut espérer, madame Plonque. Il faut espérer. Il faut s'accrocher à l'espérance. Qui aurait cru une chose pareille d'un homme comme lui ! Noyé ! On le retrouvera, vous verrez ! On le retrouvera.

— La police m'a garanti qu'on le retrouvera, mais pas vivant.

— La police ! La police !

— Elle sait. Le corps devrait remonter en Belgique, peut-être en Hollande, s'il passe les barrages. Ou alors, il pourrira coincé dans les racines d'un saule, les poissons le mangeront.

— C'est terrible, madame Plonque, ce que vous me racontez là. Je vous plains de tout mon cœur.

— Oh, ce n'est pas la peine de me plaindre, madame Quillard ! Il est mort, je vais être bien tranquille maintenant ! Bien tranquille.

— Vous êtes sûre ?

— Bon débarras, je dis !

— Et s'il revient ?

— Il ne reviendra pas.

— Après tout, c'est aussi bien comme ça, madame Plonque ! Des fois, il faut savoir se faire à la fatalité ! »

Petit à petit, le ton de la conversation s'était modifié. Au début, elles avaient l'air d'échanger des confidences vaguement navrées, à propos de la télévision et à propos des deuils qui frappaient les survivants de la famille Rachot. Puis quand le dialogue avait glissé vers ma personne, les voix avaient comme changé, elles avaient tendance à dédramatiser, à tenir la nouvelle de ma disparition comme un événement secondaire dans les circonstances actuelles, puis comme un événement secondaire en général, enfin comme un soulagement pour les populations du pauvre monde.

« Il n'a eu que ce qu'il méritait, soupirait Camina.

— C'est pas une belle fin, faut dire.

— Qu'est-ce qu'on peut attendre de mieux d'un type qui souffre d'une paralysie flasque ?

— Qui souffre, qui souffre…, marmonna Mme Quillard qui savait exactement de quoi il retournait à ce sujet.

— Il a fini de souffrir ! Et il a fini de me faire souffrir ! »

Camina attenta gravement à ma mémoire, en calomniant ma sexualité. Pour elle, femme normale, honorable, pleine d'amour et de désir, j'avais été un mari répugnant d'indifférence, froid comme un mégot éteint.

« Vous êtes une pulsionnelle, vous, madame Plonque ! Comme moi ! »

Mon assassin continua à m'assassiner. Mme Quillard servit le thé, dont elles avaient envie toutes les deux, bizarrement à cette heure de la nuit — peut-être pour maintenir éveillée longtemps leur malveillance à mon égard.

De la part de Camina, les paroles les plus souillantes ne pouvaient me toucher. J'étais rompu à sa dialectique misérable. Mais venant de Mme Quillard, certaines paroles me blessaient. Elle riait, même. De moi. En me ridiculisant.

« C'est vrai, madame Plonque, que je me suis toujours demandé ce que vous aviez été épouser là ! Il avait pas d'allure ! Gras comme une loche ! Un bide qui remuait comme de la gélatine ! L'œil jaune, en plus ! C'est malheureux de dire ça d'un mort, madame Plonque, mais votre mari, il avait l'œil jaune.

— À qui le dites-vous, madame Quillard !

— L'œil jaune, c'est du vice en veux-tu en voilà !

— Je ne vous le fais pas dire !

— Moi, un homme comme celui-là, je lui crache dessus, je ne le regarde même pas, je crache n'importe où et il est tellement gros que ça lui retombe forcément dessus ! Je vous plains pour la triste vie que vous avez subie auprès de ce déchet, madame Plonque ! Moi je ne lui aurais même pas confié la vidange de la fosse septique ! »

Elle était sévère pour moi. Je me mirais dans la glace. Je me voyais superbe. En beau-père. En contrôleur des trains sortant de la messe ou du bistrot. Costaud. Le chapeau me grandissait. Depuis que la paralysie flasque m'avait imposé de ne plus me raser moi-même, et que Camina n'aurait pas levé un doigt ni donné un ordre pour qu'on veillât à mon entretien, j'avais bonne mine et les rondeurs de mes joues s'arrondissaient encore d'un broussaillage du plus gros effet. Je me plaisais dans ma métamorphose. Physiquement, j'en imposais mieux que Bitove, sans me vanter. J'avais des idées d'amélioration.

À un moment, Lamoule entra en coup de vent dans la salle de bains, elle me dévora la bouche et plongea la main entre mes jambes où je n'avais encore rien replié.

« Elle veut regarder "La nuit des stars" à la télévision ! Ah, mon amour ! Je ne peux pas lui refuser, compte tenu des deuils qui lui tombent sur le coin de la tronche ! Je fais de la solidarité ! De la solidarité, tu comprends, mon amour ? Elle n'en peut plus, cette femme ! Elle voit mourir ses frères, ses sœurs, sa mère, et sa télévision tombe en panne, c'est presque de la malédiction ! Même son mari, qu'elle vient de perdre ! C'est dire. Enfin, celui-là, c'est pas une grosse perte, je te jure ! »

Elle me promit de revenir quand "La nuit des stars" deviendrait palpitante et occuperait l'autre des deux yeux et de la tête. Elle me ferait quelque chose.

« Quelque chose de vraiment… », précisa-t-elle comme pour me mettre en appétit.

Et elle se dissipa dans un pêle-mêle de parfum, de sueur et de l'odeur du cake industriel qu'elle avait servi avec le thé.

Quand j'entendis le son tapageur de “La nuit des stars” et l'enthousiasme de Camina, j'entrepris de quitter les lieux. La façon dont Mme Quillard avait parlé de moi me peinait. J'étais triste. Doublement, parce que je n'avais pas fait l'amour. J'en emportais le rhumatisme.

Je n'eus que la rue à traverser. Je fis comme si je revenais hanter la maison où j'avais vécu. Au passage, je pris une bouteille de goutte à la cave, avant d'aller au grenier la vider en compagnie des filles de papier, mes amies fidèles, toujours disposées, aimantes, dont les soupirs plaidaient en ma faveur. Inspiré comme je l'étais suite à un après-midi contemplatif à la terrasse d'une rue passante et un début de soirée qui avait présagé des développements royaux, je n'eus aucune peine à en faire jouir toute une congrégation, cinquante peut-être, qui s'étalaient devant moi, dégainées comme des armes, belles comme des chromes, chaudes comme un voyage sous les tropiques. C'était des matins en mer, à la limite des sables et des huiles, du léger et de l'épais, dans ce courant d'air et d'eau qui nous enlève et referme sur nous des voiles, des ailes et des caresses. Une chance encore qu'aucune prérogative morale ou religieuse ne m'eût jamais retenu de profiter largement, longuement, et par toutes les voies diagonales, de mes habiletés d'obsédé sexuel.

Tout de même, par moments, sans que je le convoite, ma chimère incorporait Lamoule, chair moins idéale que celle des photographies, mais qui débordait des choses les meilleures, qui avait trop de gras, trop de plis, trop de poils et des manières trop vulgaires, mais qui s'ouvrait comme un fond d'océan sur des volcans insondables. Sans doute avait-elle déjà constaté ma disparition et devait-elle se morfondre, s'exciter, m'attendre, s'impatienter, souffrir, et le pire : s'interroger. Elle allait rissoler sur la plaque chauffante de son désir — c'était une phrase que j'avais lue dans un ouvrage d'un érotisme qui avait des prétentions littéraires. Elle se languirait. Elle ne pourrait même pas crier mon nom, car je n'avais pas encore décidé de ma nouvelle identité.

Puis je vidai les placards, les cachettes, les planchers à double fond. Des torrents de filles admirables coulèrent dans la demi-nuit du grenier, se répandirent sur mes préférées que je venais d'honorer. À pleins bras, je les saisissais et elles dansaient, par paquets de cent, avec moi. Nous tournions sous la lune carrée de la lucarne, sur le rythme de cette musique de fin de bal, que j'entends toujours dans ma tête lorsque je pense aux femmes. Je fis gonfler le papier entre mes mains, en le froissant, en le tordant, en le déliassant. Je le transformai en pluie. De la charpente, il tombait des seins, des jambes, des fesses, des sexes, des sourires, que je renvoyais par brassées vers les hauteurs de la pénombre. Je tombais à genoux dans cette marée qui enflait. Je me roulais dedans. Les souvenirs me revenaient de toutes ces années fameuses, de ces amours renouvelées chaque semaine, chaque mois, au kiosque discret de la rue Basse, en ville. Inoubliables, ces filles, dont certaines savaient me tirer des larmes de véritable chagrin quand je réalisais qu'elles n'étaient que du papier et de l'encre. J'en ai aimé quelques-unes. À la folie. Au point de les rêver à toute heure du jour et de la nuit. De les reconnaître dans la forme d'un nuage. De sentir leur odeur passer devant la fenêtre. D'entendre leur voix, nettement, et qui me disait qu'elles m'aimaient, qui me donnait des rendez-vous torrides dans les profondeurs du grenier, au-dessus de la tête de Camina. Comme nous nous sommes amusés à la tromper, à la corner, à la décrier, à lui en vouloir.

Il me montait à la gorge comme une envie de pleurer. J'enlaçai ce bagage avec lequel j'avais voyagé, malgré tout. Je le serrai contre ma poitrine. Je le couvris de baisers, de salives, de mots tendres. Je lui roulai dessus, du ventre et du bassin. Je lui demandai pardon. Je lui dis adieu. Je différai encore, d'une étreinte, d'une bonne parole, d'une cajolerie, le moment de la séparation. Je lui redis adieu. Puis, comme dans une sorte d'opéra aimable et poétique, traversé de fanfares et de trains transportant des miroirs et des fleurs, je me vis disperser les restes de la bouteille de goutte, gratter une allumette, descendre sans hâte d'un étage pendant que le feu distribuait ses flammes tranquillement. Je vidai dans la chambre une bouteille de détachant. Puis dans les escaliers, le contenu d'un bidon de pétrole lampant. Au rez-de-chaussée, c'était plus facile : il n'y avait qu'à renverser les deux jerricanes de secours qui se trouvaient au garage. J'ouvris en grand les quatre gaz de la cuisinière. Je m'abstins de chercher à brûler les étapes en grattant une allumette dans la cuisine ou dans la salle à manger. Le feu descendrait derrière moi, en prenant le temps de tout consumer sur son passage.

Après avoir repoussé le croque contre le mur, où son ronflement fit vibrer des lambeaux à demi détachés de papier peint, je m'endormis, sans jeter par la fenêtre un regard à ma maison qui brûlait. Les sirènes des pompiers et le vacarme qui accompagnait les soldats du feu ne me réveillèrent pas. Dans les détours de mon sommeil, j'avais trop à prendre au rêve avec Mme Quillard pour être intéressé à ouvrir ne fût-ce qu'un œil sur la réalité. La paillasse puait l'humidité et le sous-bois à champignons. Je m'étais dévêtu, par respect pour mon costume de beau-père, que je ne voulais pas froisser. Mais j'avais conservé mes lunettes de soleil et un caleçon long en flanelle des vieux temps, bâillant par-devant sans raffinement.

Plus tard, Alban Pitaine me secoua à plusieurs reprises, en me criant des informations incandescentes. Mais sa voix s'étouffait vite et je retrouvais Mme Quillard dans son faste sexuel. Elle avait à mon égard, à mon profit, des attitudes intrépides, philanthropiques, manœuvrantes. Plus je dormais, plus elle m'éveillait au plaisir des fatigues les plus graves.

Quand je sortis de cette nuit magnifique, le croque avait disparu en laissant un mot sur le pot de café. Il reprenait du service dans la pompe funèbre. Dans la famille Rachot, voire chez les Plonque, on n'avait jamais eu autant besoin de lui. Disait-il.

De l'autre côté de la rue, dans une fin de matinée aux bleuités tendres, ma maison était en cendres. Un beau tas noir, dont montait ici et là une fumée légère comme celle d'une cigarette. Le soleil marquait son midi. Je bus du café. J'avais parfois entendu dire que l'homme n'est vraiment triste qu'en deux occasions : après l'amour et en regardant sa maison brûler. Je ne songerais pas à contester cette vérité proverbiale, mais je percevais à quel point elle me concernait peu. Je me disais qu'il y avait eu là une maison et qu'il n'y en avait plus. Pourquoi éprouver du chagrin en voyant disparaître un endroit où je n'avais connu que le malheur d'être un homme sans femme ? Je n'allai pas jusqu'à siffloter un air de variétés, bien que je me sentisse devenir lentement cynique, mais mon cœur dansait.

Maître Djo me tatoua la poitrine : « À Lamoule », sobrement. Puis sur le dos, le ventre, les bras, le cou, les cuisses, il me posa des décalcomanies « résistant à plusieurs dizaines de lavages, même en eau de mer ». Un enchevêtrement de lianes, de serpents, de rubans, de fouets, de cordes, d'où surgissaient ici la mâchoire d'âne qui avait servi à Caïn pour tuer son frère, là la denture d'un lion manufacturée en collier et en bracelets. Je n'avais souhaité ni les poignards ni les aigles dont Maître Djo me vanta beaucoup les qualités : « Et qui iraient si bien à une carrure comme la vôtre ! » À la fin, il voulut absolument intégrer dans un coin de son œuvre une pensée destinée à honorer mes parents. C'était un homme qui avait des sentiments à l'ancienne. Je fis l'orphelin de naissance. Il ne me crut pas tout de suite.

« Quand on en a, il faut les honorer… », dit-il en regardant vers le plafond.

À condition d'en avoir d'honorables.

« Moi, je ne veux honorer que Lamoule…, glissai-je sans insistance malvenue.

— Vous êtes libre. »

Il ne croyait pas si bien dire. La mort et la liberté marchent du même pas, bras dessus dessous, derrière des fanfares de ciel bleu, d'air pur, de beauté. Pour marquer ce premier vrai grand jour de ma résurrection, je m'offris un goûter de charcuterie au vin, en terrasse, au défilé des femmes urbaines, coquettes arrondies de la croupe, moulées de la cuisse, serrées du corsage. Ma tenue de beau-père m'attirait des regards admiratifs, des bouches en forme de baiser tendues vers moi, des mouvements de la main, des remous du doigt d'amour, des clins d'œil, des réflexions même, élogieuses. Il ne me fallut que vingt minutes pour engloutir, sous forme de pâtés et de saucissons, la moitié d'un cochon, avec du pain, du beurre, des cornichons et de l'oignon cru émincé en mélange avec de l'ail et de l'échalote, sur quoi je tartinai, pour conclure, quelques fromages qui s'exprimaient avec les accents de l'étable. Les tatouages coulaient par les manches sur le dessus de mes mains, que je plaçais bien en vue sur la table, de chaque côté de l'assiette. J'admirais, tout en mangeant, regrettant de ne pouvoir examiner les dessins qui se hissaient en cache-col, jusqu'au-dessous de mon menton, et qui représentaient soit les sommités des vagues de la mer, soit des herbes folles, soit la brosse capillaire d'un mataf éparpillée par le vent, soit le velu altier du singe.

L'homme a sans doute peur du bonheur, pour le différer du jour au lendemain, de l'année à la suivante, à plus tard, toujours à plus tard, *sine die*. Pourtant, quoi de plus simple à satisfaire que cette idée de bonheur ? J'aurais pu tuer Camina, au lieu de me contenter de rêver que je la tuais. Elle ne se laissa pas retenir par cette faiblesse de poète. Quand elle eut envie de me régler mon affaire, c'est sans une hésitation, en courant même, et avec une grande sûreté de décision, qu'elle a poussé ma promenette dans le fleuve, à un endroit du courant réputé pour ses noyés de tous âges. Les femmes seraient-elles plus que les hommes douées pour le bonheur ?

La charcuterie, qui généralement m'échauffe de la tête aux boyaux, me tire parfois vers des considérations philosophiques de haute volée. Engloutissant le rose pistaché de la mortadelle, je ne réprime pas toujours quelques interrogations dénuées de saine vulgarité. Je pense à la vie, à la mort, à l'amour. Je ne regrette rien, ni ces années d'enfer aux côtés de Camina, ni mes déficits de plaisir, ni d'avoir pyromanié la maison. Et je souris aux anges qui prolifèrent sur le trottoir et qui me remarquent.

Le garçon, un Espagnol aux cernes de masturbé, me prit pour un chanteur de rock and roll et me le fit savoir en me crachant dans l'oreille. Je commandai encore du pâté de sanglier, avec une cuillerée à soupe de confiture d'airelles et un demi-bol de noisettes. Il ne tiendrait qu'à moi, je pèserais trois fois mon quintal. Bien emmaillotée et mise en espace avec vigueur, l'obésité étonne, intrigue et séduit. La femme aime l'homme qui fait le poids. Nu dans la salle de bains, face au miroir sans concession, je me voyais plus souvent qu'à mon tour laid comme un animal de boucherie. Habillé en beau-père, avec le goût ferroviaire, ce rien de discrètement ridicule, ces coupes textiles d'une autre mode, déjà lointaines, oubliées, désapprises, et qui me transformaient en objet unique de tous les saisissements du public, j'étais enfin moi-même et présentable. Les consommateurs des tables voisines ne me quittaient pas du regard. Surtout les femmes. Les hommes, pauvres miettes, inspectaient ce que leur femme dévorait des yeux. J'étais indifférent, en apparence. Derrière mes lunettes noires, pas un mouvement d'ongle sur la nappe ne m'échappait, pas une œillade, pas un bout de langue au coin d'une bouche. Je repris deux parts de quiche. Le vin en proportion.

Il se passa des choses abominables. Camina avait mal pris l'incendie de la maison. Alban m'assurait l'avoir vue effondrée sur le cercueil de sa mère.

Avec trois de ses collègues appelés en renfort, il s'était occupé de tout, sans que Camina y trouvât à redire. Ce qui n'était effectivement pas dans les habitudes de cette dernière.

Maurice riait tout seul. Camina l'observait. Elle voyait l'heure où il se planterait un couteau dans le cœur ou s'enfoncerait un outil quelconque dans le ventre. Suicide, vice de famille. À craindre. Preuve en était, ces derniers temps.

Maurice, si délicat, et instruit malgré tout, ne cessait de répéter : « C'est à se les couper ! C'est à se les couper ! C'est à se les couper ! »

Il faisait non de la tête, honteux et penaud, donnant le sentiment d'être confronté à une situation tellement folle que sa propre folie lui apparaissait comme une forme originale de la raison et du bon sens.

« Calme-toi, Maurice ! » l'exhortait Camina.

Le croque estimait qu'elle ne se remettrait pas de sitôt.

« C'est une femme foutue ! » criait-il en se frottant les mains.

En attendant, elle surveillait le dernier survivant de la fratrie.

« Elle a peur de se retrouver seule ! » expliquait le croque.

Bonne fille, la police de la République l'assistait, comme elle assiste toujours la veuve et l'orphelin, deux emplois désormais combinés par Camina. Le docteur Pételle, qui aimait vider des bouteilles en compagnie des gendarmes, lui avait prescrit des calmants, ainsi qu'à Maurice. Mais elle se goinfrait de cassoulet en boîte, qu'elle ne prenait pas la peine de réchauffer.

« Sa misère, c'est qu'elle n'a plus grand monde à empoisonner ! » dis-je avec l'impression d'avoir tout d'un coup compris beaucoup de choses.

Le croque hochait de la casquette, avec sérieux. Il n'avait pas eu le temps de boire autant que les autres jours et il lui manquait dans la figure deux ou trois nuances de ces couleurs qui, d'habitude, signalent la bonne humeur.

« Maintenant, je positive ! » dis-je, d'une voix que je m'efforçais de rajeunir.

Alban, qui était plutôt pour la tradition, en tant qu'employé des pompes funèbres, écarquillait les yeux, se remontait le nez et battait des paupières. Il me croyait ivre.

« Je ne veux plus qu'on prononce devant moi le nom de Camina, exposai-je pour expliquer ce que j'entendais par "positiver".

— J'avais compris, se pinça Alban. Mais ça ne sera pas facile. C'est une femme qui prend de la place.

— Plus maintenant !

— Moi je dis qu'elle est capable de pleurer fort, de mettre la ville sens dessus dessous, d'emmerder le monde entier avec son problème, son deuil et ses yeux rouges. Parole de croque-mort ! »

Il s'y connaissait. À son âge. Avec son sens de la psychologie. Son expérience des familles éplorées.

« *Le pire n'est jamais sûr !* dis-je, parce que la formule me revenait, de l'avoir souvent entendue dans la bouche des hommes politiques, à la radio ou à la télé, et qu'elle se montre généralement imparable.

— Si, puisqu'on finit tous par mourir ! » me moucha Alban, en se grattant une oreille avec son épaule.

Je compris que je n'aurais pas le dernier mot. Alban ne se trouvait pas dans sa meilleure disposition d'esprit. De beaucoup s'en fallait. Il avait revu le corps sans vie de Solange et cela l'affligeait comme s'il avait perdu une femme avec laquelle il aurait partagé vingt ans de sa vie.

« On la porte en terre demain », annonça-t-il dans un hoquet.

Et il s'égara dans une rêverie sentimentale qui le fit boire à gorgées doubles. Ce croque-mort avait l'air d'un veuf. Je lui serrai la main. Lui offrant cinq doigts de condoléances.

« Demain, je serai de la partie de campagne, camarade ! » lançai-je avant de m'éloigner dans la nuit qui tombait autour de l'éclairage public et sur les vitrines des magasins.

C'est en passant devant le Ransibar que j'aperçus Mme Quillard, qui sirotait au bout du comptoir un café crème à l'aide d'une paille, comme c'était la mode sur le moment, dans cette province, où tout ce qui marche se doit d'être répugnant.

J'enfournai une poignée de gommes à mâcher. De celles qui donnent de l'éducation à l'haleine du mâle en chasse.

D'un coup de semelle prolongé, je fis sonner la porte contre le mur à juke-box et à flippers.

Derrière son zinc, le Nesse Ransi, un patron à manches retroussées et à nerf de bœuf sous le tiroir-caisse, gueulait que je ne me gêne pas, que je pouvais tout broyer, qu'il me prêterait main-forte, le cas échéant. Je carrai ma silhouette entre les rangées de tables, veste et chemise ouvertes sur la foison décalcomaniée de mon gros bide. Les lunettes de soleil et le bord du chapeau, qui tombait bas, ne me faisaient pas le regard franc. Méfiant, le Nesse caressait son nerf, prêt à dégainer au cas où la chose tournerait mal.

Il n'y avait que trois chalands « dans ce rade », comme on dit dans les livres où il est question de morues, de souteneurs et de passes à trente balles. C'était un peu le genre du lieu. Je ne m'attendais pas à trouver Mme Quillard dans cet écart sans moralité.

« C'est mon protecteur ! » cria Mme Quillard pour calmer Nesse Ransi, qui me fixait avec méchanceté.

Elle s'approcha de moi et me glissa une poignée de billets dans le caleçon.

« Ça te tiendra les roubignoles au chaud, mon prince ! » proféra-t-elle en me jetant à la face une drôle d'odeur de bouche, à laquelle le parfum du café crème rétrocédait quelque chose de chaste.

« T'es nouveau dans le bize ? mâchonna Nesse Ransi, qui après un coup d'œil professionnel à ma panse me tira une bière de clergyman, avec un col bien net, et dans un grand verre.

— Il est pas nouveau dans le bize ! vocifera Lamoule. Suffit de voir son allure. C'est un maque qui faisait maque déjà du temps de Néron. Mais je suis son esclave que depuis très peu de temps. Il m'a choisie. Il m'a remarquée dans la nuit. Il m'a élue.

— Je croyais que t'affectionnais plutôt Bitove…, s'étonna Nesse Ransi.

— Bitove, c'était une passade. Et puis, c'est un maque pas stable. Je l'ai noté volage. Infidèle. Je ne me vois pas déjuter le client pendant que mon directeur de cabinet s'envoie en l'air avec des femmes entretenues par des maris qui travaillent dans l'administration.

— Il est pas bavard, expertisa Nesse.

— T'as vu ce qu'il vide de bière ? me défendit Lamoule.

— Je t'en remets une sans désemparer », bredouilla le bistroquet qui ne voulait pas d'histoires avec un gonze capable de sécher un litre de mousse dans même pas le temps qu'un pet de maçon met pour soulever une fesse calée sur le bord d'un échafaudage.

Mme Quillard se frottait contre moi. Elle avait repris sa tasse de café crème et serrait le chalumeau entre ses lèvres. Elle voulait connaître mon nom : « C'est la seule chose que j'aimerais savoir de ton passé… » Ensuite, elle me fit l'article, comme quoi on serait heureux ensemble, qu'elle gagnait bien. Elle m'imaginait glouton. Insatiable. Dépensier. Du bout des doigts, elle caressait les revers de ma veste, le plat de ma cravate, elle époussetait mes épaulettes, réajustait mes trois centimètres de pochette. Je grognais. Les femmes aiment les hommes un peu courts de vocabulaire.

« N'écoute pas le Nesse quand il raconte que j'en pinçais pour Bitove ! Bitove, j'ai jamais ressenti de sentiment pour lui ! Je dis pas qu'il est con et qu'il faut le négliger, mais il me laisse froide ! »

J'approuvai hypocritement cette déposition mensongère, mais débitée d'une voix tellement sincère que j'en oubliais presque ce que mes yeux m'avaient montré, il n'y avait pas si longtemps, chez elle.

Elle persévéra dans sa fable :

« Bitove, s'il me voulait, il devrait payer ! Ou me gagner au jeu ! À toi ! Je te jure. Pour que je travaille à l'œil, moi, j'ai besoin de sentiments très raides ! C'est un producteur comme toi qu'il me faut ! Tu me conseilleras pour mes tenues, pour mes tarifs, pour mes horaires de service, tout ça, c'est la tâche du maître, du seigneur ! En plus, toi t'es louqué d'enfer ! Tu foutrais les jetons à un distributeur de capotes ! »

D'après ce que je pouvais comprendre, pas un proxénète de la ville n'avait voulu d'elle. Elle avait pourtant du gras où c'est bien d'en avoir, du moins pour mon goût. Elle devait être vaillante à la corvée et partager ses gains à l'avantage du souteneur.

À bien la détailler, avec de l'objectivité et un jugement sans complaisance, elle était une laissée-pour-compte de la nuit. Presque une exclue. Ce qui ne se remarquait pas au premier regard. D'après moi. Une victime du progrès. Les Polonaises et les Ukrainiennes faisaient tapiner leurs vingt ans et un prestige d'importation qui les élevait au niveau d'attractions inédites. Maintenant, l'homme n'est plus si regardant sur les prix, il est portefeuillu et prétend au haut de gamme, voire à la vénusté.

Là, je devinais la tragédie de la pute vieillissante.

« J'ai besoin de toi », se liquéfiait-elle en lustrant du ventre le bois du comptoir.

Elle avait posé sa joue contre ma poitrine et comptait les battements de mon cœur en toquant du doigt une mesure sur le bord de sa soucoupe.

« T'as le cœur qui cogne comme celui d'un lion ! »

J'aurais préféré qu'elle comparât mon cœur à celui d'une locomotive, mais ce ne sont pas des comparaisons qui viennent spontanément dans la tête des femmes qui se veulent accortes. Cela dit, elle m'excitait. À mort, comme on dit. Franchement, je devais me contrôler pour ne pas la rouler sur le carrelage, dans une bousculade de tables et de chaises. Je ne refrénai pas sa curiosité lorsqu'elle sonda de la main dans mon pantalon mes profondeurs gorgées de sèves et d'enraidissements.

« Je connais bien des choses », se vantait-elle.

Précision superflue. Je grondai un assentiment, tout en libérant le rot biéreux qui me stagnait sous la luette. Elle eut un regard éperdu d'admiration.

« Tu veux tout de suite ? » demanda-t-elle avec une voix qui se croyait déjà plus bas.

J'eus la volonté de résister. Elle cherchait à m'entraîner dans un coin, derrière le bistrot, au fond d'un couloir ou dans des toilettes mal tenues. Par orgueil, j'aspirais à un décor plus intègre. Chez elle, par exemple. Pour renouer avec la scène interrompue la nuit précédente.

Elle enfonça son nez dans mon oreille, me mordit le lobe :

« Je te paierai une boucle. C'est quelque chose qui t'ira bien. T'aimerais bien une boucle. De l'or. Du vrai. Ça serait mon cadeau de bienvenue. »

Puis elle tenta encore de me manifester sa sympathie. « Je te fais un à-valoir ? » proposa-t-elle avec un bruit de bouche qui se voulait contractuel.

Dans la buée de ma chope de bière, j'écrivis : « Chez vous ! »

Elle ne demandait pas mieux, mais il n'était pas dix heures et c'était justement les heures où le client se pointait.

« J'en rince encore trois ou quatre avant minuit… », susurra-t-elle en dodelinant de la tête.

Elle mentait. Je voyais bien qu'elle n'intéressait plus que les marmiteux, les retraités descendus promener le chien et qui, bête attachée à un lampadaire, profitent, sous un porche, d'un quart d'heure de liberté, se vengeant ainsi d'une épouse desséchée. Elle soldait des affaires courantes. Le paysan monté de la campagne pour son anniversaire et qui ne tient pas à engager des frais. Le chômeur dont la femme est partie vivre avec un type qui a du travail. Le prêtre qui se refuse à amplifier le péché en ajoutant trop de beauté à de la chair déontologiquement interdite. Le camionneur en transit pour quelques heures. L'ivrogne qui voit de la magnificence partout. Et moi, donc, mec sans baise depuis douze ans et des jours, cruellement tourmenté, comme fou. Mme Quillard aurait-elle été vraiment laide que j'aurais eu envie d'elle avec la même intensité, tant j'avais rêvé sur son corps, pendant des années, et quand elle rendait visite à Camina, restait à dîner, parfois jusqu'à neuf-dix heures du soir, passant bien près de mon émoi de la main ou de l'épaule, quand je servais la soupe ou la frite, venant me provoquer dans la cuisine si Camina s'absentait au petit coin ou au téléphone, libérant quelques allusions salaces qui me mettaient en feu pour la nuit, obsédé, ne rêvant qu'à elle, n'ayant rêvé qu'à elle, accessible, si proche, pendant douze ans et des jours.

Comment aurais-je pu la voir laide et vieille après l'avoir désirée comme un idéal pendant si longtemps ? D'ailleurs, elle n'était pas si vieille. Et pas si laide. Elle me plaisait. Je l'aimais.

« Comment tu t'appelles ? C'est pour penser à toi quand je ferai un client.

— Je m'appelle Eho !

— Ça se retient bien… », dit-elle avec l'air d'y réfléchir.

Avant de partir tordre un amateur dans la gêne, elle m'avait indiqué une table, au fond du café, qui pouvait me servir de bureau. Le Nesse Ransi porterait les bières au rythme de ma soif. Elle lui avait donné ses ordres.

« Tu sais, Eho, c'est bien que le maque soit incrusté sur le terrain ! Qu'il ait pignon sur rue ! Qu'il puisse repérer les habitudes de la clientèle ! Qu'il s'applique à améliorer les méthodes de travail ! La productivité ! La rentabilité ! Moi je ne demande pas mieux, Eho, que d'y aller à la manœuvre ! J'ai de la volonté et de l'expérience ! Il me manquait juste deux doigts de motivation ! Par les temps qui courent, c'est pas sous le pas d'une vis qu'on serre qu'on trouve de la motivation, pas vrai ? Allez, installe-toi ! Lis les journaux qui parlent de la vie des vedettes, pour montrer que t'as pas d'opinions politiques ! Je suis dans la rue, à quatre immeubles d'ici. Tu pourras venir me surveiller. Tu verras le cœur que je mettrai à gagner ton pain. Tu seras fier de moi. Au numéro 14. Comme la guerre, c'est facile. »

Dans un tournoiement de cape et d'épée, elle s'était repoussée d'un pied sûr dans la rue. Je l'avais vue, qui voltigeait devant la vitrine, dans cette lumière louche des néons, avant de disparaître, comme pénétrant dans un mur.

Elle m'éblouissait. Tout d'un coup, j'avais envie de l'épouser. Officiellement. Devant un adjoint au maire ceint de tricolore. Avec des formules toutes faites et voussoyantes. Et un repas au restaurant. Avec saoulerie obligatoire et nuit de coma à se chevaucher comme des malades.

« Vous avez une tête de tracassin », supposa Nesse, qui étalait une trace d'eau sur la table où il glissait lentement une pinte quadruple.

J'en vidai plusieurs. Encore plusieurs. Incomptable à partir d'un certain litrage. Je pesais. J'en avais bu dix kilos. Plus. Plus. Plus. Nesse réchauffait des saucisses. Après minuit, il y a des amateurs pour les saucisses.

« Une vente de deux centaines de saucisses par nuit, sans plaisanter ! En moyenne. C'est incroyable ce que les gens peuvent être dégueulasses, de bouffer des trucs pareils ! Mais ils aiment ça ! »

Il riait, m'en servait un collier dans un plat, avec du pain à volonté et un mélange de beurre et de margarine, et un saladier de chips, inscrit dans le menu sous l'appellation « garniture de légumes ».

Il m'allongeait du « monsieur Eho », comme si j'étais déjà le proxénète détenteur de cinquante quartiers d'ancienneté. Finalement, malgré ses allures nerveuses, il n'était pas désagréable.

Vers une heure, Mme Quillard vint se restaurer. Des tartines de pain beurré dans du café au lait bien sucré. Pas de saucisses surtout. « Ça m'écœure ! Je sais pas pourquoi, mais ça m'écœure ! »

Elle avait pas mal gagné. Je ne vois pas pourquoi je me serais senti gêné de compter et de mettre en lieu sûr, dans la poche intérieure du veston. Les gestes du maquereau viennent naturellement à l'homme, même au plus honnête.

« Ça te plaît de palper, hein, Eho ? » articula-t-elle en se tordant le cou vers moi, pendant que j'enfouissais le trésor.

La fatigue me gonflait la tête. Je n'avais presque plus soif. C'est une sensation que je n'avais jamais éprouvée, de n'avoir plus soif. Compte tenu de ce qu'il commençait à connaître de ma faculté à vider de la bière, Nesse avait recampé un verre plein derrière celui que je peinais à sécher.

« Il est creux de la tête aux pieds, ton monsieur Eho ! lança-t-il joyeusement à Mme Quillard, qui se rengorgeait, ce qui enchâssa son double menton dans le suivant.

— Il en boirait trois fois comme ça, sans se déranger pour pisser ! Pas vrai, Eho ? » dit-elle en se redressant.

Elle clignait des yeux. Malgré l'enthousiasme qui l'animait, un pli amer marquait chaque côté de sa bouche. Elle mit un sourire dans son soupir et déclara, brusquement rassérénée :

« Je suis sûre que t'as gagné des concours du plus gros buveur ! Je suis sûre ! T'as le volume ! T'es un homme qui a le volume, toi ! T'as bu combien ce soir ? Dis-moi combien t'as bu ! Dis un gros chiffre, ça m'excite ! »

Je l'entendais encore, dans l'ouate des conversations lointaines et des bruits de mastication de saucisses, au bar, aux autres tables, je ne sais où. Je ne la voyais plus. Je ne savais plus où j'étais. Elle me demandait de lui dire un gros chiffre. Sous la table, ses jambes sanglaient les miennes. L'air devenait brûlant, et pesait sur les couennes. Un imbécile avait fait sortir Tino Rossi du juke-box. *Marinella*. En plein troisième millénaire. Quasi. Encore un peu, il y aurait des volontaires pour déterrer Claudel. On nous chanterait la messe dans les haut-parleurs des bordels.

Tino Rossi me tournait sur le cœur. Il me rappelait Camina. Camina me tournait sur le cœur. Je voulus boire un peu de bière, mais la pinte pesait et rien ne put faire, de mes efforts et de ma volonté, que je la décolle de la table.

Mme Quillard papotait. Elle me narrait par le menu des anecdotes professionnelles, comme quoi le monde est peuplé de sexuellement loufoques, et elle n'en riait que difficilement. Je n'y comprenais rien. Sa voix me tournait sur le cœur, avec la chanson de Tino Rossi et le souvenir contrariant de Camina.

J'eus l'affreux pressentiment que ce ne serait pas une nuit à faire l'amour.

Passant dans le goulot d'ombre verte qui séparait le cimetière de la chapelle, le convoi funéraire s'étirait avec une prestance flatteuse pour le regard. La voiture de police ouvrait la marche, suivie par le fourgon de la mère, celui de Bernard, celui de Bernadette, celui de Solange. Camina manquait à l'appel. Elle n'apparut pas pendant la bénédiction. Maurice tanguait dans ses chaussures étroites. Il se retournait sans arrêt vers la porte. Après une heure de tergiversations et sur la demande réitérée des croque-morts, il avait pris la responsabilité de donner l'ordre au convoi de quitter la maison du quartier Pinaigre. Il n'était pas sûr d'avoir bien fait et redoutait la réaction de Camina.

Au milieu de la cérémonie, Alban vint se poster à mes côtés, sur le parvis, observant de loin la gesticulation rituelle du curé.

« Camina n'est pas là, me souffla-t-il, la bouche en coin. Elle n'était pas non plus au domicile mortuaire. Maurice dit qu'il ne l'a pas revue depuis que la télévision est tombée en panne. »

La verdure ondulait devant moi, au bout de l'allée de graviers jaunes, qui ondulait aussi. Les troènes n'avaient pas été taillés et ils éparpillaient un désordre qui contrastait avec la tenue draconienne des pelouses et des plates-bandes. J'étais malade. Deux cognacs à jeun ne m'avaient pas remis d'aplomb. Deux mirabelles de Lorraine, sifflées au buffet de la gare, ne m'avaient pas permis de recouvrer ce que l'ivresse nocturne avait effacé de ma mémoire. Deux Fernet-Branca ne m'avaient rien inspiré de plus urgent que de prendre un calvados double, allongé par un fond de robusta sans sucre.

Je me revoyais chez le Nesse, une chope pour chaque œil, et, entre les fortes silhouettes des chopes, la figure bouffie de sentiments généreux de Mme Quillard. Je naviguais sur un tapis volant, au ras du plafond. La lumière des lustres, tamisée par un treillis en chiures de mouches, me pénétrait dans la tête, avec des fracas de bateau heurtant des rochers. Une grande faiblesse envahissait mon corps. Je n'aurais pas eu la force de tordre une saucisse. Lamoule me demanda pourquoi je souriais. Elle prit à mon égard des engagements salaces, pour la suite, lorsqu'elle serait rentrée de son travail. Je remuai quelque chose, mais j'ignorais quoi, afin de lui signifier que le message avait été reçu cinq sur cinq. Puis elle avait regagné son chantier. Au 14 de la rue.

Au bout d'un temps indéterminé, j'avais dû avoir besoin de m'aérer. J'étais sorti, la main refermée dans la poche sur quelques billets roulés en boule. Avec l'idée de me payer les services de Mme Quillard. Une surprise. J'étais très saoul. Pour qu'une idée aussi abracadabrante m'effleure, il fallait que je sois très saoul. J'ai marché dans le noir, le nez reniflant chaque numéro de maison, sans jamais découvrir le 14. Après un itinéraire aux multiples changements de direction, j'ai eu l'impression de me réveiller en plein jour sur un banc du boulevard Drucy, face à la vitrine agressive d'un marchand de jouets électroniques.

Mais je n'émergeais pas du cirage dans lequel j'avais sombré chez le Nesse. Sous le chapeau, il me restait quelques notions de Mme Quillard et des dernières minutes que nous avions vécues ensemble. Elle m'avait dit qu'elle finissait à deux heures, qu'elle passerait me prendre, qu'on irait chez elle, qu'on s'en mettrait jusque-là, d'amour et de choses d'une parfaite impudeur. Souvenirs confus. Auxquels des stations opiniâtres dans les cafés matinaux n'apportèrent aucune précision supplémentaire.

« Le chapeau ! Le chapeau ! » chuchotait Alban Pitaine, en vrillant son nez vers le cortège qui opérait une assez belle descente de parvis.

Maurice marchait en se laissant déporter, comme s'il les avait toutes les deux du même côté. Il me bascula presque dessus. Je lui enfonçai mon poing dans le ventre, assez profondément. Il titubait. Il se raccrocha au premier cercueil à sa main, qui était celui de Bernard. Toutefois, à travers le chagrin qui obscurcissait son regard, il avait aperçu l'épingle de cravate en forme de locomotive. Et l'avait reconnue.

Sans me quitter des yeux, le corps raide, il piétinait le gravier jaune, comme un homme endormi, en répétant : « C'est à se les couper ! C'est à se les couper ! » Alban voulut l'entraîner dans le sillage du prêtre, mais il refusa. Il visa la cravate, la pochette, les bagues, les boutons de manchette. Il eut un regard plus général sur le costume. S'arrêta longuement sur le chapeau. Puis, à l'autre extrémité, sur les schnobottes.

Comme je n'en étais plus à une lubie près, j'avançais d'un

pas vers lui, pour voir. Il se fouilla de tous les côtés, tira un flacon de la poche de son pantalon, le vidangea à moitié dans sa bouche et se mit à mâcher le paquet de gélules comme il aurait fait d'une viande récalcitrante.

Automate, le cou droit, les bras tendus vers le sol, les jambes sans articulations ni ressort, il tourna sur lui-même et se dirigea vers le groupe mortuaire, qui venait de tourner à droite et descendait vers les excavations qui avaient été creusées dans le voisinage de la tombe de Beignet. Mais au lieu de continuer son chemin et de suivre les fourgons, il se pilota vers le bosquet de troènes. Je coupai à travers la pelouse.

Je vis que Maurice, les deux mains serrées sur la gorge, s'étranglait lui-même. L'écume coulait sur ses avant-bras. Il réussit assez vite à se terrasser, tombant d'abord sur les genoux, puis sur le côté, les jambes dans des sursauts qui faisaient mal à voir. Quand il en eut terminé de souffrir, j'attendis quelques minutes encore, en marque de recueillement. Ses doigts avaient traversé la peau de son cou, un peu de sang filait au bout de l'index. Un bref instant, je voulus me reprocher de n'être pas intervenu. Mais en moi, une voix me reprécisait que j'étais mort et que les morts ne se mêlent pas des affaires des vivants, même s'il ne leur reste que cinq minutes à vivre. Je me permis un rugissement cannibale et, les mains en araignes frappant ma poitrine, j'eus ce cri, venant de l'intérieur, comme dit le poète : « Ta sœur ! » Il y a des cadavres devant lesquels on n'a pas idée d'ôter son chapeau.

Par moments, effets résiduels de l'ivresse, je me croyais vraiment mort noyé. Je volais au-dessus de la réalité. Mon regard voyait à travers les êtres. Je sentais l'eau puante du fleuve ruisseler sur mes épaules, s'engouffrer dans ma bouche, me remplir les oreilles. La dernière image que Maurice emporta, ce fut la mienne, qui lui rappelait son père, le suicidé des chemins de fer, l'homme au goût ferroviaire, qui portait une locomotive en épingle de cravate. Les temps s'amélioraient : on mourait rien qu'à me voir, et les femmes me voulaient.

« Maurice s'est ravalé dans les troènes », ai-je dit au croque-mort, avant de quitter le cimetière dans les flancs terreux duquel j'abandonnais ainsi les corps froids qui avaient peuplé mon existence. J'avais envie de Lamoule. Envie et besoin. Une fois de plus, j'étais passé à côté du plaisir, ayant vidé, dans l'euphorie d'être si près du but, une quantité vénéneuse de boisson alcoolisée. À la maison, je buvais en cachette de Camina. J'avais l'alcoolisme discret et, le fantasme aidant, l'érection me tenait jusqu'à des heures impossibles, sans défaillance et sans solution. Si Mme Quillard avait été là, elle aurait dansé au bout de ma corde, comme les pendus de la ballade.

À travers ma poche, je tâtais pour savoir où j'en étais. Pas fameux. Je pris une bière de rajeunissement au café du cimetière. Et une bière de consolidation au café des pêcheurs. Et une bière de sécurité au café du gros Bill. Je dégustais chaque gorgée en pensant à Mme Quillard. À ce qu'elle m'avait promis pendant la folle nuit. À ce que je connaissais déjà d'elle. Au soir où Bitove m'avait positionné entre les cuisses aimées et où je m'étais senti grossir et grandir sous moi et dans la chair compromise de Lamoule. Souvenir grandiose. Qui m'excitait à distance. Je bus encore un peu, pour stabiliser ma rêverie dans le cadre de ce tableau de genre, dont je fumais encore.

« Tiens, tiens, tiens… Eho ! » dit-elle en resserrant la ceinture de son peignoir en éponge vert amande.

Il ne faut pas montrer trop vite aux femmes qu'on vient vers elles parce qu'elles sont irrésistibles et qu'elles nous attirent comme la lampe à huile attire le papillon. Jouons l'indifférent. Je claquais de la langue avec un geste des mains qui signalait sans ambiguïté que l'heure en était à ouvrir une bouteille. De peu importe quoi. Bière ou vin. Eau-de-vie.

« On n'enlève pas son chapeau devant les dames ? » ronchonnait Lamoule avec une voix qui semblait mastiquer du collant, du caramel.

Je bissai l'allusion tirebouchonnante.

« Eho ! fit-elle en se toquant le dessus du crâne. Chapeau ! »

Elle tourna les talons, qu'elle avait nus, et se dirigea vers la salle de séjour. Elle alluma la télévision. J'étais bête comme une traînée de sauce sur un papier gras. En plan. Les bras en croix. Déçu par l'accueil.

« Eho, viens voir ! »

Elle voulut que je m'installe près d'elle, sur le canapé, devant la télévision qui ne passait rien de bien.

« T'étais bourré, Eho, cette nuit !

— J'étais.

— Tu m'as passé devant sans me voir. Je venais de finir un client. Je venais de recracher dans le mouchoir. Je t'ai appelé : Eho !

— J'ai rien entendu.

— T'étais bourré comme une huître d'ameublement, tu coulais sur le mur, tu te pissais dans les schnobottes. Bourré. J'ai appelé : Eho !

— Je me souviens pas.

— T'étais bourré. Tu t'es retourné. Tu ne m'as pas reconnue.

— J'ai l'œil pourtant. Même bourré, j'ai l'œil.

— Tu m'as demandé : que se passe-t-il, madame ? Je t'ai dit : c'est moi, Eho ! Ça va pas, t'es malade ? Mon client profitait de l'incident pour m'arnaquer de cinquante balles. Je parlementais, tout en te disant de m'attendre, que je t'avais gagné pas mal de pognon, que tu serais heureux, qu'on irait en boire un dernier ensemble, chez Bobette ou chez la Mère Casse-bites, et qu'on rentrerait à la maison, le cul chaud comme un four de boulanger…

— J'ai pas toute ma tête en ce moment. Les soucis. L'amour. Les sentiments, moi, ça me fait me rebrousser la mémoire et la logique. Le vertige de l'amour, on pourrait dire. Depuis que je vous ai vue, j'ai le corps en chute libre. »

Elle avait beau jeu de me raconter ce qu'elle voulait, je ne me souvenais de rien. Je me revoyais vaguement dans la rue, un pied sur le trottoir, un pied dans le caniveau, l'épaule époussetant les façades des immeubles. Je suivais une petite lumière en forme de petite lumière.

« T'étais bourré comme un matelas ! T'as roulé dans la pisse de chat. Je t'ai ramassé. Je t'ai rassis sur le seuil d'une baraque, en te calant la tête avec mon genou. Ton chapeau avait volé, et tes lunettes de soleil. Tu te tenais comme une chite d'oiseau, dans l'ombre. Dans la région de ta braguette, il ne restait de dur que les boutons.

— Ça m'étonne. Là, ça m'étonne. Même bourré, j'assure, moi.

— Eho, tu me traiterais de menteuse ?

— J'ai pas dit ça, mais je me connais. Plus je bois, plus je m'endurcis !

— Ce qu'il faut pas entendre ! »

Elle cherchait à prendre le dessus. Parfois, elle puisait l'inspiration dans ce qu'elle voyait sur l'écran de la télévision. Ses cuisses s'étaient écartées, par réflexe professionnel. Elle tenait la télécommande d'une main, et de l'autre se grattait le pubis à travers le peignoir, dans un mouvement exaspérant pour mes sens en éveil. Elle n'était pas comme je l'aimais.

Je lui en fis la confidence.

« Je ne vous retrouve pas, dis-je.

— Moi non plus.

— Je n'ai pas changé. Je suis le même. Tel vous m'avez vu hier et avant-hier, tel vous me voyez aujourd'hui.

— Écoute-moi bien. Moi je suis en manque de surprises, de secousses, de commotions. Je me donne à celui qui va m'impressionner. Je veux finir ma vie dans le vrai stupre, dans la misère jouissive, esclave d'un mec qui en a assez pour combler mon vide affectif ! Compris ?

— J'en ai assez. J'en ai. J'en ai presque trop.

— Tire-toi, Plonque ! Tire-toi, avant que je me fâche !

— Comment que vous m'appelez, là ? J'ai bien entendu ? Comment que vous m'appelez ?

— C'est toi Plonque ! Le mari de la voisine !

— Je rêve, tout d'un coup ! Je dégringole de l'escabeau ! Je tombe sur ma tête ! Plonque, vous avez dit ? Vous avez dit Plonque ? C'est fou.

— Ta gueule un peu, Plonque !

— Il est mort, Plonque, si vous voulez savoir, je l'ai lu dans le journal ! On n'a rien retrouvé de lui, que sa promenette !

— Ta gueule un peu ! »

Elle fit voler mon chapeau de beau-père à travers la pièce, puis ôta de mon nez les lunettes de soleil. Elle me traitait de minable. De demi-bite. De purée de couilles. Elle avait du vocabulaire, comme les gens qui sortent beaucoup le soir. Elle me mit à la porte. Pour toujours. Ne voulait plus jamais me voir. Elle parlait, parlait, parlait. C'était agaçant, parce qu'elle médisait de ma personne. Je regimbai en lui rappelant que grâce à mes œuvres vives elle avait été une femme jouie. L'allusion lui fit m'écraser un vase sur la tête.

Elle en voulait à Plonque. Comme Camina. Ce que les femmes ne supportent pas en moi, c'est Plonque, et j'ignore pourquoi. En beau-père, Mme Quillard était venue manger dans le creux de ma main. Elle avait rêvé se prostituer sous mon label. Elle avait renié Bitove.

« Vous aviez jeté Bitove à la boue ! fis-je dans un murmure perfide.

— Prononce pas ce nom-là, il est trop grand pour ta grosse gueule à chicots ! »

Bien campée sur ses jambes, la figure ravagée par la colère, la main indiquant la direction de la sortie, elle prenait à mes yeux une tournure poignante de femme trahie.

« De toute façon, Plonque est mort ! certifiai-je en rechaussant les lunettes de soleil.

— Plonque, je dis : c'est un déchet de l'humanité. Il ruisselle comme de la diarrhée. Il est pire qu'une tonne de pigeon qui se lâche ! Une tonne de pigeon qui se lâche, ça ne meurt pas ! »

Ce qui me navrait, c'est qu'elle parlait avec sérieux, qu'elle était convaincue de détenir une belle vérité à mon sujet. Certes, je n'étais pas tenu de la croire. Mais de telles horreurs s'écoulant des lèvres de la femme aimée, voilà un supplice fastidieux.

De ma part, aucun mouvement de révolte. Je ne me reconnaissais pas tout à fait dans l'opinion qu'elle avait de moi.

« Je ne suis pas d'accord avec tout, affirmais-je sans trop de brutalité.

— Tais ta gueule ! »

Elle se tourna vers le mur, et se mit à hurler dans son bras replié :

« Quand je pense que j'ai renié Bitove pour un trompe-l'œil lamentable ! »

Ce disant, elle laissait rebondir ses fesses de vénus hottentote et l'envie me saisissait d'y porter cinq doigts, dix doigts, en regrettant de n'être pas né chez Barnum dans la famille des hommes à huit bras, ou, à défaut, d'être venu au monde avec un doigt surnuméraire à chaque main.

Toutefois, j'eus des méchancetés à son adresse, pérorant à propos de son âge, de son physique fané, des tarifs qu'elle pratiquait en tant que professionnelle, très en dessous de ce qu'exigeaient les filles des pays de l'Est.

« Quant à Bitove, il est habitué à mieux ! En ville, il drive un personnel qui sort des grandes écoles ! Pas une fille qui ne soit diplômée en sociologie ou en psychologie ! Même pour fouiller dans un pantalon, il faut un cerveau aujourd'hui, des manières, des connaissances, des notions d'anatomie, de médecine douce, du culturel, du savoir-vivre ! Monter avec une fille qui ne sait pas quoi dire, pour l'homme maintenant il n'y a pas plus de plaisir que d'entretenir des relations avec un canard de Barbarie ! Je me suis laissé dire que Bitove il ne se penche plus que sur les institutrices. C'est son plancher. Le plus bas. Le coït quasiment morganatique. Sinon, c'est au moins des doctoresses lettres. »

Elle pleurait ou faisait celle qui. Ses épaules bien viandeuses étaient secouées. J'admirais la cadence, la souplesse du secouage. L'amour avait à y gagner, fichtre ! Tout en se vidant d'un long volume lacrymal, elle m'enjoignait de partir, sans omettre de m'insulter. Tapait du talon. Du poing dans le mur.

Elle se retourna vers moi, la figure en pleine morve, plaqua ses paumes contre la tapisserie à motifs, derrière elle :

« Tu as brisé mon rêve de femme, Plonque !

— Répétez ! dis-je, en la reprenant au vol.

— Je t'accuse d'avoir brisé mon rêve de femme ! D'avoir trahi la cause de l'amour ! D'être un imposteur ! »

C'était excessif. Mais elle n'en démordrait pas, couru d'avance.

« Vous m'aimiez, avant ! Même quand je n'étais que le pauvre vivant de Plonque…

— J'avais pitié… À cause de Camina.

— Je voyais quand même bien que vous m'aimiez. Dans la cuisine, combien de fois vous êtes venue. Me provoquer. Pendant que Camina téléphonait. Vous aviez des gestes. Des regards.

— Une femme qui a de la fierté convoite toujours un peu le bien d'autrui.

— Je vous plaisais.

— Certainement pas. Le mari d'une Camina, pensez donc, mon Dieu ! Quand une femme devient aussi moche, le mari y est pour quelque chose, non ? »

Elle visait pour me meurtrir. Elle me rendait responsable de la laideur, de la difformité, du sale caractère de Camina. C'était pas du jeu.

« À la longue, Plonque, à supposer que j'aie envie de développer quelque chose de sexuel avec toi, j'aurais trop peur de devenir aussi monstrueuse que Camina.

— J'y suis pour rien, moi, madame Quillard !

— Tout de même !

— Souvenez-vous de ce que nous avons vécu. Dans la voiture, le soir de la mort de Beignet ! Dans le couloir, ici, quand Bitove vous piétinait ! Hier soir, chez le Nesse ! Et avant, les frôlements, les allusions cochonnes, et tout ça, quand vous parliez de carotte et de concombre, et tout ça ! J'ai rêvé, moi ! Vous m'avez mis les sangs dans un état d'urgence ! Et tout ! »

En plaidant *pro domo* je m'émouvais, je m'enfonçais des émotions dans le cœur, dans les tripes. Je me sentais envahir par une onde de faiblesse. Plus rien ne me paraissait vrai, dans ce logement où la télévision expectorait des glaviots ludiques. Lamoule me disait « Connard ! », « Grosse gourme ! », à mi-voix, sans se fatiguer, sur le mode du mépris.

Moi je ne pouvais la traiter de rien, puisque je l'avais follement aimée, que je l'aimais encore, que je l'aimerais jusqu'au jour de ma mort, comme on dit lorsqu'on ne rechigne pas devant les grandes phrases.

Il me restait à obéir à son injonction de foutre le camp. Ce que je fis, parce que ce qui était bon pour elle l'était pour moi.

Il n'y avait pas grand-chose à voir à l'emplacement de ma maison. Des éléments de charpente calcinée étaient tombés dans le potager, contre les pruniers, et des morceaux de plancher, de murs, des assemblages de briques, s'organisaient comme pour bâtir une sorte de chapelle. La baignoire demeurait suspendue dans l'embrasure d'une fenêtre, qui n'était pas celle de la salle de bains. Un vent chaud, tout droit descendu du soleil, circulait sur les cendres et en emportait la poussière noire. L'incendie avait tout mangé. Tenaient encore debout, côté rue, la murette, le portail, les bacs à fleurs en béton. La haie qui protégeait la maison des curiosités de la rue avait séché par endroits, mais elle avait résisté au désastre. Au fond du jardin, tout au fond, un prunier avait moins souffert que les autres. Apparemment.

Je fis le tour de la parcelle. En y mettant mon pas le plus lourd. Au milieu du tas de cendres, j'aperçus une forme immobile. Deux jambes affreuses en émergeaient. C'était Camina. Son corps était à moitié enfoui dans les décombres. Elle avait sa tête la plus méchante. Elle ne bougeait pas, mais son regard me suivait. Sur ses lèvres d'où ne sortait aucun son, je déchiffrais qu'elle appelait « papa » la silhouette qu'elle voyait apparaître au-dessus d'elle. Je pris le temps de faire briller l'épingle de cravate représentant une locomotive. J'approchai mes schnobottes de son visage. Sa bouche s'ouvrait et se fermait, comme celle d'un poisson. Elle passait son plus mauvais moment depuis longtemps. Ses mains se mirent à brasser les gravats charbonneux où elle était répandue de tout son long. Il montait de ces crispations un bruit de cauchemar, d'insectes xylophages, de bois lentement désagrégés, et sa respiration courte, haletante, difficile, enveloppait des craquements mal identifiables.

Je ne m'attendais pas à la trouver là, dans cet état de délabrement. Elle avait dû venir pendant la nuit. Le croque m'avait signalé qu'elle avait mal réagi à la nouvelle de l'incendie de la maison. Déjà que la télévision de la maison de feu sa mère, dans le quartier Pinaigre, avait rendu l'âme. La vie est une vallée de larmes. Je m'abstins de ricaner. Je n'en avais que modérément envie.

« Papa… », murmura-t-elle dans un souffle qui n'était pas complètement dénué de haine.

J'eus l'intuition qu'elle avait tué son père. Pour des motifs que personne ne saurait jamais et qui avaient porté, peut-être, l'ensemble de la famille vers les affaissements du moral et vers la dépression. Qui peut dire avec certitude les drames qui se nouent et se dénouent dans le sein des familles ? Je haussai une épaule, à la manière du contrôleur des trains dont les muscles se souviennent du poids de la sacoche et de l'étroitesse des couloirs de wagon. J'eus une moue ferroviaire. Cette grimace gourmée donna à Camina le sentiment de sc souvenir de quelque chose. Elle m'appela encore « papa… », et je sentis que sa gorge allait éclater. Je fis tomber mes lunettes de soleil, la veste de contrôleur des trains, la cravate pieuse.

« Plonque ! Qu'est-ce que tu fous, là ? » vociféra-t-elle méchamment.

Elle ne se gêna pas pour me cracher dessus, comme par réflexe. J'en étais pourtant à lui tendre la main, à tenter de l'aider. Je voulais la relever, la tirer du tas de cendres noires, du bourbier. Mais elle me traitait de pauvre type, de misérable, et ricanait. Il me revenait qu'elle avait voulu ma mort au moins autant que j'avais voulu la sienne. Mais elle m'avait jeté à l'eau, réellement, alors que je m'étais contenté dans mes rêves les plus doux d'imaginer que je l'assassinais.

J'avais les mains qui me démangeaient, un fourmillement d'étrangleur, le cœur me battait, une sorte de douleur atroce me traversait la cage thoracique. Camina me dit que ma vue lui nouait l'estomac. Elle me dit que je n'existais pas. Elle exprimait des horreurs bien méprisantes. Et je ne me sentis pas le cœur de tuer une épouse que la mort délivrerait du déplaisir gigantesque que ma seule présence allumait en elle. Il grandit en moi une vague de compassion attendrie devant cette femme sale et laide et vieille et si lourde qu'elle n'avait plus la force de lever son poids et de l'extraire des gravats et de la poussière charbonneuse dans lesquels elle était enlisée.

« Tu as un problème, Camina ? » dis-je d'une voix de miel et de guimauve.

Elle répondit dans le registre de l'abject. C'était bon pour moi. J'étais penché vers elle, aimant comme un bœuf au-dessus d'un Jésus. Elle roula lentement sur le côté, et entreprit de ramper dans les débris, tirant derrière elle ses jambes brisées. Je lui promis de bien la soigner. J'évoquai les liens sacrés du mariage, la solidarité des conjoints et toutes ces bonnes choses qui font qu'on y regarde à deux fois avant de divorcer.

Salaud, pourri, gros con de Plonque, c'est tout ce qu'elle trouvait à émettre en réponse à ma sollicitude. Elle me faisait pitié. Je mis sa très grande mauvaise humeur sur le compte de la souffrance qu'elle endurait autour de ses fractures et contusions diverses.

« Je vais téléphoner au docteur Pételle, dis-je. C'est le meilleur praticien de la ville. Il va trancher dans ces membres irréparables. Bientôt, tu seras tranquille, Camina. Et tu me remercieras. »

Jamais je n'ai entendu quelqu'un protester de la sorte. C'était affligeant. Je devais lui parler comme à une enfant. La rassurer. Mais le docteur Pételle est le meilleur docteur de la ville. J'ai ressassé cette évidence. Tout en joignant le geste secourable à la parole obligeante. C'est malgré elle que je me faisais un devoir de porter secours à Camina.

La vie a repris son cours immonde. Camina ne remarchera jamais. Le docteur Pételle a fait ce qu'il fallait pour ça. Au Conseil de l'ordre, son frère a froncé les sourcils. Et lui a fait promettre de ne plus recommencer un tel carnage, surtout gratuitement. Le docteur Pételle n'a pas jugé opportun de se défendre. Il coupe pour le plaisir. Il y met du cœur. C'est un lyrique du bistouri. Il a l'emphase chirurgicale. Je l'en remercie. D'autant que l'opération a réussi : Camina se tient tranquille.

Avec la prime de l'assurance, j'ai acheté un taudis juste en face du 14 où officie prostitutionnellement Mme Quillard (Lamoule pour l'intime que je suis), à qui je n'ai point cessé de vouer une dégorgeante affection, malgré qu'elle m'ait humilié presque à me faire mourir. J'espère toujours, preuve de mon extrême humanité. Quand elle sera devenue vraiment une mocheté fétide et incommercialisable, elle ne refusera pas qu'un Plonque lui offre un brin de conduite sexuelle et s'attache à son corps, des bras et des pattes, lourd et illustre comme Bitove, mais en beaucoup plus sentimental. Certes, elle me bat encore froid. De la fenêtre, je l'observe. Le client se clairsème. Elle ne taille plus que du mutilé social, du chômeur, de l'économiquement faible. Certains jours, elle stationne contre son mur pelé sans faire une touche, sans même qu'un invalide se retourne sur le signe déshonnête qu'elle lui adresse. Les filles des pays de l'Est cassent le marché, aussi. Et puis il y a la mondialisation du plaisir. Sous les cieux fransquillonnants, les vieilles, même les entre deux âges, ne sont plus compétitives. Je suis triste, évidemment, pour Mme Quillard. C'est une femme qui me met le feu aux tripes. Elle sera à moi dès que les autres ne voudront plus d'elle. Je la connais. D'ailleurs, elle me jette parfois des coups d'œil où je déchiffre d'assez jolies promesses. Un jour, elle m'accueillera. Au moins comme client.

En attendant, mon grand divertissement c'est de regarder la télévision, l'écran, oui, tourné, oui, vers moi, et le dos du poste, oui, tourné vers Camina, posée sur son cul-de-jatte au milieu d'un canapé récupéré au quartier Pinaigre. Tout ce qu'elle voit, c'est la lueur bleue qui se reflète sur mon visage et dans mes yeux. Elle en bave. Je me venge. C'est ainsi. Sa haine envers moi n'a pas encore connu une seule baisse de régime. Toutefois, elle ne se manifeste plus que par des mimiques, des grimaces, des regards. Dès qu'elle cherche à parler, à crier, à m'insulter, elle étouffe.

Un jour que j'étais absent, elle s'est laissé tomber du canapé, puis elle s'est fait rouler jusqu'à un endroit de la pièce où elle pouvait voir l'écran de la télévision. J'ignore combien d'heures de programmes elle a pu dérober à l'abstinence télévisuelle que je lui inflige, mais je l'ai retrouvée comme une droguée à l'instant de l'overdose : un mélange d'extase et de danger de mort, la bouche grande ouverte, les yeux à trois centimètres du bord des trous, le corps démonté, spectacle affreux. Je l'ai portée sur le canapé, lui sauvant ainsi la vie. Peut-être n'aurais-je pas dû.

Il y a les soirs de gala. Je me déguise en contrôleur des trains. Camina en devient comme folle. Elle me donne l'impression de revoir le fantôme de son père que je suppose qu'elle a tué. C'est terrible, cette affaire de famille. J'aurais aimé en savoir plus. J'imagine des trucs. Vraiment sales. Par exemple, que le cheminot incestuait tous ses enfants, les garçons, les filles, sous l'air inopérant de la mère, tous ses enfants, sauf Camina, qui, découvrant le pot aux roses et sombrant dans une jalousie meurtrière, aurait mis fin, d'une décharge de chevrotine, à ces amours intestines. C'est mon idée. Je me souviens que la vieille avait bien des choses à cacher.

Camina m'appelle « papa ». Je me méfie, parce que, dans les épaisseurs de son esprit, elle doit échafauder des plans contre mon intégrité physique. Elle veut me tuer, elle veut retuer son père. Qu'elle en veuille à son père, peut-être est-ce légitime, mais qu'elle ait toujours eu si puissamment envie de m'empoisonner la vie, de me pourrir mes âges, de m'assassiner, je ne comprends pas, bête que je suis. Je veux même bien admettre que je suis un âne. Cependant, en repensant aux temps anciens de notre jeunesse, je revois un jeune homme amoureux, attentif, attendri, dévoué, fidèle. J'ai supporté les dépressions des uns et des autres. Je suis devenu l'esclave de la vieille et de Camina. Sans contrepartie. Sans contrepartie d'aucune sorte. Et surtout, sans contrepartie sexuelle. C'est ce qui m'a rendu amer. Tout au long de ma vie, c'est ce qui m'a rendu amer.

Remettant à plus tard le moment de pleurer sur mon passé, je ne ressasse plus ce chagrin, cette perte de temps, ce manque à jouir. Quand il me semble sentir en moi grandir quelques regrets, j'invite Alban Pitaine à vider incomptablement des bouteilles et des flacons. Il rêve d'une femme à grosse bouche qui voudrait bien mourir étranglée pour lui. Je connais son histoire par cœur, alors je peux sans dommage fermer les yeux et rêver doucement que les jambes, la bonne humeur et la sensualité repoussent à Camina, et que nous ne perdons plus une seule minute à nous haïr.

DU MÊME AUTEUR

Aux Éditions Gallimard

Dans la collection Série Noire

LE JARDIN DU BOSSU, n° 2717

Dans la collection Blanche

LE BAR DES HABITUDES, 2005

CHARGES COMPRISES, 2004

LE GRAND BERCAIL, 2002

LES BOTTES ROUGES, 2000

LE COSTUME, 1998

LA CHASSE AU GRAND SINGE, 1996

LES FIANCÉS DU PARADIS, 1995

Chez d'autres éditeurs

MASSACRE EN ARDENNE (avec Alain Bertrand), Labor, 2006

CHARLEVILLE-MÉZIÈRES (avec Jean-Marie Lecomte et Thierry Chantegret), Noires Terres, 2006

TEDDY (avec Blutch), coll. Liber Niger, 6 pieds sous terre, 2005

TERRINE RIMBAUD, coll. Carnets littéraires, Estuaire, 2004

PLUTÔT LE DIMANCHE, Labor, 2004

SIMPLE, coll. Le Cercle poche, Le Cercle, 2004

NULLE PART, MAIS EN IRLANDE, Le Temps qu'il fait, 2002

LE CHEVAL ARDENNAIS (avec Jean-Marie Lecomte), coll. Photo Poche, Castor & Pollux, 1999

SIMPLE, coll. Le Mercure galant, Mercure de France, 1999

LES ARDENNES (avec Jean-Marie Lecomte et Pascal Stritt), Siloë, 1997

D'UNE ARDENNE ET DE L'AUTRE, coll. Le point du jour, Quorum, 1997

Déjà parus dans la même collection

Thomas Sanchez, *King Bongo*
Norman Green, *Dr Jack*
Patrick Pécherot, *Boulevard des Branques*
Ken Bruen, *Toxic Blues*
Larry Beinhart, *Le bibliothécaire*
Batya Gour, *Meurtre en direct*
Arkadi et Gueorgui Vaïner, *La corde et la pierre*
Jan Costin Wagner, *Lune de glace*
Thomas H. Cook, *La preuve de sang*
Jo Nesbø, *L'étoile du diable*
Newton Thornburg, *Mourir en Californie*
Victor Gischler, *Poésie à bout portant*
Matti Yrjänä Joensuu, *Harjunpää et le prêtre du mal*
Äsa Larsson, *Horreur boréale*
Ken Bruen, *R&B-Les Mac Cabées*
Christopher Moore, *Le secret du chant des baleines*
Jamie Harrison, *Sous la neige*
Rob Roberge, *Panne sèche*
James Sallis, *Bois mort*
Franz Bartelt, *Chaos de famille*

Achevé d'imprimer sur Roto-Page
par l'Imprimerie Floch
à Mayenne, le 8 août 2006.
Dépôt légal : août 2006.
Numéro d'imprimeur : 66275.

ISBN 2-07-078099-6 / Imprimé en France.

144415